생각이
크는
인문학

성평등

생각이 크는 인문학_성평등

지은이 김보영
그린이 이진아

1판 1쇄 발행 2016년 6월 15일
1판 8쇄 발행 2024년 2월 5일

펴낸이 김영곤
키즈사업본부장 김수경
에듀2팀 김은영 고은영 박시은
아동마케팅영업본부장 변유경
아동마케팅1팀 김영남 정성은 손용우 최윤아 송혜수
아동마케팅2팀 황혜선 이해림 이규림 이주은
아동영업팀 강경남 오은희 김규희 양슬기
e-커머스팀 장철용 전연우 황성진
디자인팀 이찬형

펴낸곳 (주)북이십일 을파소
출판등록 2000년 5월 6일 제406-2003-061호
주소 (우 10881) 경기도 파주시 회동길 201(문발동)
연락처 031-955-2100(대표) 031-955-2177(팩스)
홈페이지 www.book21.com

ⓒ 김보영, 2016

ISBN 978-89-509-6535-8 43330

- 제조자명 : (주)북이십일
- 주소 및 전화번호 : 경기도 파주시 회동길 201(문발동) / 031-955-2100
- 제조연월 : 2024.02.
- 제조국명 : 대한민국
- 사용연령 : 8세 이상 어린이 제품

생각이
크는
인문학

⑫ 성평등

글 김보영
그림 이진아

을파소

목차

차별 없이 남녀를 대할 순 없을까요?

5장

여성과 남성의 성욕이
다른가요?

6장

모두 행복하려면 어떻게 해야 할까요?

여성과 남성, 더 자유로운 진화를 위해

우리는 태어나면서, 여자 또는 남자라는 성별로 구별되고 자랍니다.

여성과 남성은 몸이 다르고, 생각과 행동이 다르다고 여겨지지요. 그래서 여성과 남성은 다른 종족이거나 다른 별에서 왔다는 말이 있을 정도입니다.

여성과 남성은 생물학적 차이를 가지고 있지요. 일부 학자들은 생물학적 차이는 자연적인 것이기 때문에 변할 수 없다고 주장합니다. 반면에 남성과 여성의 차이는 사회가 만든 것이기 때문에 변할 수 있다고 보는 이론도 있지요. 어떤 주장이 더 타당할까요?

생물학적인 근거로 보면, 여성의 반대는 남성, 남성의 반대는 여성입니다. 과학이 발달하면서 많은 생물학자들이 그 증거를 모았지요. 하지만 남과 여라는 이분법적 구분은 한계가 있습니다. 과거부터 제3의 성이 존재해 왔으니까요. 요즘은 심지어 남성이 임신을 하고 아기를 낳기도 합니다.

사회는 여성과 남성에 대한 다른 기대를 가지고 있습니다. 여자답다와 남자답다는 말처럼요. 성별에 따른 옷 입기와 외모꾸미기는 선명하게 다르지요. 여성과 남성의 일이 철저하게 구분되기도 했습니다. 최근 2백여 년은 여성들에게 남성과 동등한 시민으로서의 권리를 주장하며 싸운 시간이었습니다. 21세기에 사는 우리에게 너무나 당연한 여성의 선거권과 노동권, 결혼을 선택할 수 있는 권리는 주장하고 싸워서 얻어낸 것이지요.

이런 변화에도 불구하고 남성과 여성의 차별은 남아 있습니다. 여전히 여성은 외모로 평가받지요. 또 가사노동은 여성의 일로 여겨집니다. 여성은 맞벌이를 해도 가정에서 쉬지 못하는 경우가 많지요. 남성들도 편하지만은 않습니다. 전통적인 사회에서 남성들은 자신의 감정을 드러내거나 나누지 못합니다. 또 가정의 생계를 혼자서 책임져야 한다는 부담감도 크지요. 회사에서 강요하는 야근이나 회식에 적극적으로 참여하지만 직장은 안정적이지 않습니다. 그러니 여성과 남성이 고정된 성역할에서 벗어나 함께 행복하게 사는 지혜를 발휘해야만 합니다.

최근 강남역 근처의 남녀공용 화장실에서 한 여성이 무참하게 살해됐습니다. 많은 여성들이 자신의 일처럼 여기고 애도했습니다. 여성이라는 이유만으로 비슷한 폭력과 차별을 경험할 수 있기 때문이지요. 여성에게 폭력적인 사회의 인권은 낮을 수밖에 없습니다.

누구나 사회적 약자로서의 자기 정체성을 가지고 있습니다. 약자로서 자기 목소리를 내는 데 주저함이 없고, 사회가 그 목소리를 담아낸다면 민주주의는 성숙하겠지요. 저를 포함해 여러분들도 여성과 남성이라는 틀에서 벗어나 한 명의 인간으로서 자유롭게 변화하고 진화할 수 있기를 바랍니다.

이렇게 말하고 생각할 수 있도록 길을 터 준 여성운동과 인권운동의 역사에 감사합니다. 이 책을 준비하며 같이 일하고 공부했던 친구와 동료들의 대화가 큰 도움이 되었습니다.

2016년
김보영

여성의 반대는 남성, 남성의 반대는 여성일까요?

사람은 대부분 태어나면서 남성과 여성 둘 중 하나의 성(性) 으로 구분됩니다. 그러니 성에서 자유로운 사람은 아마 없 을 거예요. 그런데 사람들은 성에 대해 잘 알지 못합니다. 성이라는 단어를 들으면 가장 먼저 무엇이 연상되나요? 남 자와 여자, 성기, 연애, 섹스, 아기, 임신 등 다양한 것들이 있을 수 있겠죠.

영어로 성은 다양한 단어로 표현됩니다. 성을 표현하는 단어로 우선 '섹스(sex)'가 있습니다. 이것은 남성과 여성을 생물학적으로 구분할 때 쓰이는 말입니다. 남성과 여성의 신체가 다르다는 점에 초점이 맞춰진 단어이지요. 성관계를 뜻하는 말이기도 합니다.

성을 뜻하는 다른 단어로는 '젠더(gender)'라는 단어가 있 어요. 이것은 남성과 여성의 사회적인 성을 일컫는 말입니다. 사회적인 성이라는 것은 여성의 역할이나 남성의 역할에 대한 것을 뜻한다고 보면 됩니다. 그래서 젠더는 우리말로 '성역할'이라고도 말합니다.

그리고 마지막으로 '섹슈얼리티(sexuality)'가 있습니다. 섹슈얼리티는 생물학적인 성과 사회적인 성을 포함하는 단어입니다. 이 세 단어 중 가장 그릇이 큰 단어라 할 수 있지요. 이 책에서 이야기할 남성과 여성의 이야기는 바로 이 섹슈얼리티에 관한 이야기입니다. 남성과 여성의 신체의 차이부터 여성과 남성의 사회적인 역할까지 성에 관한 모든 것을 다룰 생각입니다.

흔히들 여성의 반대는 남성, 남성의 반대는 여성이라고 생각합니다. 여성과 남성은 겉모습이 다르고, 생각과 행동도 많이 다르다고 합니다. 여성은 사랑과 미를 상징하는 행성인 금성에서 왔다고 하고, 남성은 전쟁과 폭력을 상징하는 행성인 화성에서 왔다는 말이 나올 정도지요. 그만큼 여성과 남성의 타고난 기질이 다르다는 것입니다.

여성과 남성이 다르다면 왜 다른 것일까요? 몸의 차이가 심리, 행동, 능력의 차이를 만드는 것일까요? 뇌에서 나오는 호르몬 때문일까요? 아니면 사회가 여성과 남성을 다르게 만들었기 때문일까요? 사회적으로 여성과 남성을 동등

하게 대우한다면 정말 여성과 남성의 차이는 없어질까요?

여성과 남성은 서로에게 호기심을 갖고, 사랑을 하고, 가족이 되기도 합니다. 함께 아이를 낳아 키우기도 하지요. 물론 헤어질 수도 있습니다. 또 우정을 나누고, 동료가 될 수도 있습니다. 최소한 이웃은 되지요. 정말 다른 별에서 왔는지는 모르지만, 우리는 함께 살아가야 합니다. 차이에만 주목하다 보면 여성과 남성의 공통점은 희미해져 갑니다.

남자든 여자든 상관없이 사람이라면 먹고, 숨쉬고, 잠들고, 사랑하고…… 참으로 공통점이 많습니다. 이처럼 여성과 남성에게는 공통점이 많을까요, 아니면 정말 남성과 여성은 반대일까요?

지난 200여 년간 민주주의와 자본주의의 성장은 여성과 남성에게 많은 변화를 가져 왔습니다. 특히 여성의 지위와 역할은 많은 부분에서 남성과 동등해졌습니다. 여성에 대한 차별은 줄어들고 있지요. 성 평등이 이루어진다면 세상은 정말 살 만한 곳이 될까요?

앞으로 여성과 남성의 특징을 살펴보면서 서로를 이해할 수 있는 힘을 기를 수 있기를 희망합니다. 우선 우리에게 익숙한 여성과 남성의 몸부터 탐색해 볼까요?

여성과 남성의 몸은 어떻게 다른가요?

여러분도 잘 알다시피 여성과 남성의 몸은 같기도 하고 다르기도 합니다. 눈, 코, 입, 손가락, 발가락, 내장이나 뼈의 수에는 차이가 없습니다. 맹장의 자리나, 심장의 자리도 같습니다. 하지만 다른 점도 무척 많죠. 태어날 때부터 다른 곳도 있지만 성장하면서 여자와 남자의 몸은 뚜렷하게 더욱 달라집니다. 이를 2차 성징*이라고 합니다.

> ✱ **2차 성징** 1차 성징은 태어날 때 남자와 여자를 구분할 수 있는 성기의 차이를 말하고, 2차 성징은 사춘기 때 일어나는 성과 관련된 신체적 변화를 말한다.

2차 성징이 시작되는 사춘기가 되면 여자는 젖가슴이 커지고, 겨드랑이와 성기 주변에 털이 나기 시작합니다. 허리가 잘록해지기도 하고, 엉덩이가 커지며, 지방이 많아지지요.

사춘기가 된 남자는 성대가 커지면서 목소리가 변하고, 목젖이 돌출됩니다. 성기가 커지고, 겨드랑이와 성기, 코 밑을 중심으로 털이 나기 시작합니다. 사춘기가 되면 남자는 몰라보게 키와 덩치가 커집니다. 근육이 발달하고 힘도 세집니다.

무엇보다 남녀의 가장 다른 점은 성기입니다. 오랜 시간 동안 남녀의 성기가 다르다는 점은 남녀가 근원적으로 다를

수밖에 없다는 이유로 설명됐습니다.

보지 또는 음부라고 하는 여성의 성기는 겉으로 드러나 있지 않습니다. 여성이 자신의 성기를 보려면 손거울을 이용해야 합니다. 여성의 성기에는 공알(음핵), 요도, 질, 두 개의 주름이 보입니다. 두 개의 주름 중 겉에 있는 큰 주름을 대음순, 안에 있는 작은 주름을 소음순이라고 합니다. 소음순 안에 공알과 소변이 나오는 요도 그리고 질이 있습니다.

질은 몸 안과 밖을 연결해 주는 역할을 합니다. 질을 통해 자궁에서 떨어져 나온 내벽이 밖으로 나옵니다. 질은 자궁과 연결되어 있어서 남성과 성관계를 할 때 이곳을 통해 음경이 들어갈 수 있습니다. 또 아기가 엄마 배에서 나오는 길이기도 하고요.

몸 안쪽에는 자궁과 난소 등이 있습니다. 자궁은 아기가 자라는 곳이기 때문에 아기집이라고도 부릅니다. 자궁의 길이는 보통 7.6센티미터이고, 넓이는 5제곱센티미터 정도 되지만 임신을 하면 30~40배나 커집니다. 난소는 대표적인 성호르몬이 만들어지는 곳이기도 해요.

남성의 성기는 겉으로 드러나 있어 살펴보기가 쉽습니다. 겉에는 자지(또는 음경)와 불알(음낭)이 있고, 안으로는 고환,

정낭, 전립선 등이 있습니다. 음경은 스펀지나 해면 같은 구조입니다. 평소에 부드럽고 유연하지만, 해면체에 피가 몰리면 뻣뻣해지면서 발기합니다. 음경의 평균 길이는 7.3센티미터이지만 발기하면 10센티미터 정도 됩니다. 음경을 덮고 있는 살갗을 밀어 내면 귀두가 나타납니다. 포경 수술은 위생상의 이유로 귀두를 덮고 있는 살갗을 잘라 내는 것을 말하는데 간혹 수술을 하지 않고 자연포경이 되는 경우도 있습니다.

고환에서는 남성호르몬과 정자를 생산합니다. 불알은 이런 고환을 싸고 있는 주머니이지요. 음낭은 정자를 만들기 위해서 체온보다 2~3도 더 낮은 온도를 유지합니다. 정낭과 전립선은 정자의 수송 수단이 되는 액체를 만듭니다.

이렇게 여성과 남성의 성기는 그 모습이 많이 다릅니다. 하지만 남성과 여성의 성기에도 공통점이 있습니다. 우선 남자와 여자의 성기는 처음 시작이 같아요. 엄마의 몸에서 태아가 자라기 시작할 때 여성과 남성의 성기가 같은 모양을 하고 있거든요. 아기가 자라면서 성호르몬의 양에 따라 그 형태가 달라지는 것이랍니다.

뿐만 아니라 여성의 공알과 남성의 자지는 원통형 기둥과 기둥머리, 받침의 형태가 있는 같은 구조입니다. 남성의 음경

끝 귀두는 4천여 개의 신경섬유다발로 무척 예민합니다. 옷으로 스치기만 해도 발기됩니다. 여성의 외음부에 있는 공알도 8천 개의 신경섬유로 이뤄져 있습니다. 공알 역시 아주 예민하고 흥분하면 발기하지요.

이렇게 가장 큰 차이가 있다고 생각하는 여성과 남성의 성기도 사실은 무척 많이 닮았습니다. 이처럼 남성과 여성의 신체의 차이는 생각보다 아주 작은 차이에 불과합니다.

성호르몬은 우리 몸에 어떤 영향을 주나요?

여성과 남성의 외모나 성기의 차이를 만드는 것은 호르몬 때문이라고도 합니다. 그리스어로 '호르몬'은 '자극하다, 흥분시키다, 재촉하다'는 뜻을 가지고 있어요. 여성과 남성은 서로 다른 호르몬의 영향을 많이 받습니다.

여성의 대표적인 성호르몬은 난소호르몬이라고도 부릅니다. 주로 난소에서 나오기 때문이지요. 난소호르몬은 여성의 성기를 만들고, 2차 성징과 성욕에 영향을 줍니다. 난소호르몬 중 가장 잘 알려진 것이 에스트로겐입니다. 에스트로겐은 심장을 튼튼하게 만들고 뼈를 단단하게도 만듭니다.

에스트로겐이 많을수록 성격이 부드럽고 자상합니다.

난소호르몬은 난자를 키우고, 월경을 하는 데 영향을 줍니다. 여성은 300만 개의 난자가 될 어린 세포를 가지고 태어납니다. 어린 세포들은 청소년이 되면 4만 개로 줄어들고, 매달 20여 개의 어린 세포들은 성숙한 난자가 되기 위한 준비를 합니다. 그중 하나가 점점 커지면서 10일 안에 성숙한 난자가 됩니다. 난자가 되지 못한 어린 세포들은 몸에 흡수됩니다. 그리고 몸은 월경을 준비하지요.

난자가 정자와 만나면 하나의 수정란이 됩니다. 자궁은 수정란이 뿌리를 내릴 수 있도록 피를 모아서 두꺼운 벽을 만듭니다. 수정란이 만들어지지 않으면 즉, 임신하지 않으면 자궁 안에 두껍게 만들어진 벽이 질 밖으로 떨어져 나갑니다. 이렇게 매달 피와 내벽이 떨어져 나가는 것을 '월경', '달거리'라고 합니다.

여성의 나이가 50세쯤 되면 난자가 될 어린 세포들은 대부분 사라집니다. 더 이상 월경을 하지 않지요. 하지만 '완경*' 이후에도 성호르몬은 계속 만들어집니다. 에스트로겐은 난소가 아닌 지방을 통해 얻을 수 있습니다. 나이가 든 여성이 허리와

*완경 월경이 완성됐다는 의미로 사용한다. 폐경이라고도 부른다. 폐경은 닫혔다는 뜻이기 때문에 여성으로서의 삶은 끝났다는 부정적 의미를 가지고 있다.

아랫배에 살이 찌는 것은 자연스러운 현상입니다. 부족해진 에스트로겐이 지방을 통해서 보충되니까요.

남성의 성호르몬은 안드로겐이라고 부릅니다. 안드로겐 중 가장 잘 알려진 호르몬이 테스토스테론이지요. 테스토스테론은 성기를 만드는 데 영향을 줍니다. 또 두꺼운 피부와 근육, 수염, 저음의 목소리, 정자를 만듭니다. 또 테스토스테론은 성욕이나 공격성과도 관련되어 있습니다.

정액은 몽정과 자위, 성관계를 통해서 몸 밖으로 나올 수 있습니다. 고환에서 만들어진 정자가 정액과 함께 요도 밖까지 나오는 데 3개월 정도의 시간이 필요합니다. 정액을 사용하면 다시 채우는 데 3~4일이 걸리지요. 남성이 한 번 사정할 때 약 5만~6만 개의 정자가 나오지만, 그 양은 한두 숟가락 정도입니다. 그만큼 정자의 크기가 작은 것이지요. 여성의 자궁에 들어간 정자는 3~4일 동안 살 수 있지만, 수정이 되지 않으면 결국 죽습니다. 밖으로 나오지 못한 정자는 몸에 흡수됩니다.

성호르몬은 여성과 남성 모두에게 영향을 미칩니다. 남성은 테스토스테론만 분비되고, 여성은 에스트로겐만 분비되는 것이 아닙니다. 다만 그 양이 차이가 있을 뿐이지요. 여성 혈액에는 일반적으로 남성보다 3배에서 10배 많은 에스트로겐이 있습니다. 여성도 남성보다는 훨씬 적은 양의 테스토스테론이 분비되지만 그 영향을 크게 받습니다. 테스토스테론은 여성의 성욕에 영향을 줍니다.

뿐만 아니라 같은 성별이라도 사람마다 성호르몬의 양이 다릅니다. 각 호르몬의 양에 따라 성격이 달라질 수 있습니다. 적극적인 여성, 부드러운 남성도 호르몬의 영향 때문이지요.

중년이 되면 호르몬의 변화가 또다시 일어납니다. 남성은 남성호르몬이 줄고, 여성은 여성호르몬이 줄어듭니다. 남성은 젊었을 때보다 훨씬 더 부드러운 성격이 되는데, 젊었을 땐 전혀 그렇지 않았던 남성이 중년이 되면 드라마를 보면서 눈물을 흘리기도 하는 건 바로 이런 호르몬의 변화 때문입니다. 반면에 여성은 더 적극적이고 활동적인 성격으로 변할 수 있습니다.

또 사람의 행동에 따라 호르몬의 양이 증가하거나 감소할 수도 있습니다. 바느질을 하거나 요리를 하는 등 섬세한 활동을 하면 에스트로겐 분비에 영향을 줍니다. 일부러 모험을 즐긴다면 테스토스테론이 증가되기도 합니다. 인간은 호르몬의 영향을 받지만, 반대로 인간의 행동이 호르몬에 영향을 주기도 하는 것이죠.

이렇듯 우리 몸은 고정되어 있지 않습니다. 세월에 따라 상황에 따라 변화하고 있지요.

성은 언제 어떻게 결정되나요?

여성의 몸에서 생기는 난자는 인간의 세포 중 가장 크기가 큽니다. 지름이 약 0.2밀리미터로 눈으로도 볼 수 있습니다. 반면 정자는 0.4마이크로미터 정도로 사람의 세포 중에서 가장 작습니다. 너무 작아 눈으로는 볼 수 없지요.

남성의 몸에서 나온 정자가 여성의 몸에 들어가 수정*을 하게 됩니다. 이때 정자는 협동하기도 하고, 경쟁하기도 하면서 난자를 찾아 갑니다. 난자는 정자가 잘 찾아오도록 유인하고, 그중 하나를 선택해서 수정 합니다.

> * 수정 난자와 정자가 만나는 것을 수정이라고 한다. 수정이 되는 것은 아기가 생기는 가장 첫 단계의 과정이다.

사람의 성별은 난자와 정자가 만나는 이 시기에 정해집니다. 정자와 난자 두 세포의 성염색체에 의해 대체로 성이 결정되는 것이죠.

염색체는 부모님에게 받은 유전 정보를 전달해 주는 것

으로 세포 안에 들어 있습니다. 세포 하나에는 총 스물세 쌍의 염색체가 있습니다. 스물두 쌍의 상염색체와 한 쌍의 성염색체지요. 인간의 성을 결정하는 것이 바로 한 쌍의 성염색체입니다. 대부분의 여성은 XX 모양의 성염색체를 갖고 있고, 남성은 XY 모양의 성염색체를 갖고 있습니다.

수정을 하면 여성의 XX성염색체 중 하나와 남성의 XY성염색체 중 하나가 만나게 됩니다. 남성의 XY염색체 중 X염색체를 지닌 정자와 여성의 X염색체를 지닌 난자가 만나면 XX염색체가 되어 그 아이의 성별은 여자가 됩니다. 남성의 염색체 중 Y염색체를 지닌 정자와 여성의 X염색체를 지닌 난자가 만나면 XY염색체가 되어 그 아이의 성별은 남성이 되는 것이죠.

아버지의 Y염색체를 받은 자녀는 아들이 되고, 아버지의 X염색체를 받은 아이는 딸이 됩니다. 반면에 엄마의 X염색체는 딸과 아들 모두에게 전달될 수 있습니다.

결국 아이의 성별을 정하는 건 정자의 성염색체이지요. 하지만 인간의 성은 개인의 노력으로 조절할 수 없습니다. 정자와 난자가 만나는 것은 완전히 우연의 결과예요.

과거에는 집안의 혈통을 잇기 위해 아들을 낳으려고 애를 썼습니다. 우리나라 여성들은 결혼해서 아들을 낳지 못

하면 죄인 취급을 받기도 했지요. 아들을 낳지 못한 며느리 대신에 새 며느리를 들이는 집안도 있었습니다. 심지어 배 속의 아이가 아들이 아닌 딸인 경우 낙태를 하는 경우도 있었지요. 그래서 지금도 병원에서 아기의 성별을 미리 알려 주지 않으려고 합니다.

아기의 성별은 배 속에서 3개월쯤 자라야 알 수 있습니다. 10주가 지나면 생식기의 양쪽 면이 불룩해지고, 중앙의 작고 둥근 돌기가 발달합니다. 12~13주가 되면 여자아이는 돌기가 음핵으로 발달하고, 불룩한 부분은 음순이 됩니다. 남자아이는 돌기가 음경으로 발달하고, 불룩한 부분은 음낭이 되지요. 앞서 잠깐 설명했던 것처럼 태아의 성기는 처음에 남녀 구분 없이 모두 같은 모양입니다. 테스토스테론의 양이 많으면 남자 성기의 모습으로 발달하는 것이지요.

성기는 엄마 배 속에서 조금씩 발달해 출산 몇 주 전에야 완성됩니다. 그렇게 태어난 아기의 성기를 보고 여자인지 남자인지 구분하는 것이죠. 그런데 드물게 성기의 모습만으로 성별을 구분할 수 없는 경우도 있습니다. 다음 챕터에서 자세히 살펴보겠습니다.

남성, 여성 그리고 제3의 성

세상에는 드물게 여성과 남성의 특징을 둘 다 지니는 사람도 있습니다. 이들을 간성(남녀추니, 인터섹스)이라고 하는데, 남자도 여자도 아니기 때문에 제3의 성이라고도 부릅니다.

간성은 여성과 남성 두 가지 성의 특징을 다 가지고 있습니다. 이들은 확률적으로 2천 명 중에 한 명 정도 나타난다고 합니다. 하지만 기준도 모호하고, 정확한 조사가 이뤄진 것은 아니기 때문에 어디까지나 추정치일 뿐입니다.

간성은 태어났을 때나, 청소년이 되었을 때 발견될 수 있습니다. 1차 성징 때 드러나는 경우는 여자와 남자의 성기를 다 가지고 태어나는 경우입니다.

2차 성징 시기인 사춘기에 간성이 발견되는 경우, 여자인 줄 알았는데 변성기가 오거나 가슴이 발달하지만 월경을 하지 않는 등의 증상이 나타납니다.

간성은 당연히 과거에도 존재했습니다. 이들은 여성과 남성의 성기를 다 가지고 있기 때문에 특별한 사람이라 여겨졌습니다. 신의 선택을 받았다고 생각해서 종교사제나 상담사, 무희 등의 역할을 맡았지요.

또 생물학적인 성(sex)이나 사회적인 성(성역할, gender)을

* **트렌스젠더** 젠더는 성역할을 일컫고, 트렌스는 '바꾸다'라는 뜻으로 트렌스젠더는 '성을 바꾸다, 성역할을 바꾸다'라는 의미를 지닌다.

강하게 거부하는 트랜스젠더*도 있습니다. 타고난 몸과 달리, 마음이 원하는 성이 다른 것이지요. 트렌스젠더의 원인이 호르몬의 영향 때문이라는 의견도 있습니다. 테스토스테론이 많으면 여성으로 태어났어도 남성적 성향이 강할 수 있고, 에스트로겐이 많으면 남성으로 태어났어도 여성적 성향이 강할 수 있기 때문입니다. 하지만 테스토스테론이 많은 여성이나 에스트로겐이 많은 남성이 모두 트랜스젠더가 되는 것은 아닙니다. 본인의 성향을 어떻게 받아들일지는 개인이 선택하는 것이지요.

한편 문화에 따라 자신의 성을 선택하는 부족들도 있습니다. 미국의 원주민인 나바호족은 이들을 '두 개의 영혼을 가진 사람들'이라고 불렀습니다. 남성 안에 여성, 여성 안에 남성이 있는 사람들이라 생각했기 때문입니다. 이들은 부족 내에서 이성 부부 간에 문제가 생기면 상담사 역할을 했습니다.

인도에서는 성전환자들을 '히즈라'라고 불렀습니다. 히즈라는 행운을 주는 사람들로 여겨져 주로 잔치에 초대되어 노래를 부르거나 춤을 춥니다. 하지만 생활환경은 열악하

고 사회적 차별도 심한 편이라 성 판매를 하면서 생계를 이어 가기도 합니다.

이처럼 남성과 여성의 구분은 명확하지 않습니다. 신체적인 차이는 남녀를 나누는 오직 하나의 기준이 아닙니다.

간성이나 트렌스젠더처럼 여성의 신체를 가지고 있어도 여성이 아닌 경우도 있고, 남성의 신체를 가지고 있어도 남성이 아닌 경우, 남성과 여성이 함께 있는 경우도 있지요. 성격 역시 남성과 여성을 구분하는 기준이 되지 못합니다. 행동이 적극적인 여성, 성격과 행동이 부드러운 남성도 있을 수 있으니까요.

우리가 그동안 너무나 당연하게 생각해 왔던 여성과 남성이라는 구분은 모호해지고 있습니다. 남녀의 성 구분은 외모와 성기뿐 아니라 내면의 차이까지 포함해서 다양하게 분류될 수 있습니다. 여성과 남성이라는 성은 더 이상 고정 불변의 진리는 아닙니다. 이미 호주와 독일, 인도 등에서 제3의 성은 공식적으로 인정되고 있습니다.

세계 최초로 임신한 남성이 화제가 됐습니다. 우주탐사가 가능할 만큼 과학이 눈부시게 발전했지만 현대 과학의 능력으로도 남성이 아이를 갖는 것은 불가능합니다. 남성에게는 자궁이 없으니까요. 그런데 어떻게 남성이 임신을 했을까요?

미국에 사는 토마스 비티는 부인이 아기를 가질 수 없게 되자 자신이 임신을 하기로 결심했습니다. 하지만 결심만으로 임신을 할 수는 없는 노릇이지요.

사실 토마스는 여성으로 태어났지만 남성으로 살아가고 있었습니다. 2002년 성전환 수술을 받고, 호르몬 치료도 받고 있었지요. 이때 이름도 트레이시에서 토마스로 바꿨습니다. 여성에서 남성으로 새 삶을 시작한 것입니다. 남성이 된 토마스는 이후 현재의 아내 낸시를 만나 결혼을 했습니다. 5년간 결혼 생활을 해 온 토마스는 자궁 적출 수술을 받은 아내를 대신해 임신을 하기로 결심했습니다. 남성의 삶을 살기로 결심했지만 언젠가 아기를 낳고 싶을지도 몰라 자궁은 그대로 두었기 때문에 가능한 일이었습니다.

토마스 부부는 정자은행에서 정자를 기증받아 임신에 성공했습니다.

자연분만으로 첫째 딸을 무사히 낳고, 둘째는 아들 그리고 셋째로 딸을 낳았지요.

토마스 비티는 한 방송에 나와 이렇게 말했습니다.

"나는 여성이나 남성으로서 아이를 갖고 싶어 하는 것이 아니다. 이것은 인간으로서의 욕구이다. 나는 사람이고, 나는 생물학적으로 아이를 가질 권리가 있다."

토마스는 세 명의 아이를 낳았지만 여전히 자신을 아이들의 '아빠'라고 생각합니다.

2장

여성과 남성은
서로 다를까요?

여성과 남성에 대한 사회의 기대가 다른가요?

여성은 자랄수록 더 여성스럽게, 남성은 점점 더 남성스럽게 외모와 성격이 모두 변합니다.

여성들은 화장을 하거나, 액세서리에 관심이 많고, 대체로 꾸미기를 좋아합니다. 머리카락을 기르고, 파마나 염색을 하고, 치마를 입고 높은 굽의 구두를 신는 등 유행에 민감합니다. 성격은 다정하고, 부드럽고, 얌전해야 '여자답다'고 합니다. '참하다'고도 하고, '천상 여자'라고도 부릅니다.

남성들은 대체로 짧은 머리를 하고, 여성보다 유행에 덜 민감합니다. 남성은 씩씩하고, 정의롭고, 책임감이 높을 때 '남자답다'라고 합니다. 또 용감하거나 의리가 있을 때 또는 여성에게 친절하고 예의 바를 때 '남자 중에 남자'라고도 합니다. 사회는 이렇게 여성과 남성에게 다른 기대를 품고 있습니다.

대표적인 게 남자와 여자의 머리 길이입니다. 대체로 짧은 머리 모양은 남성, 긴 머리 모양은 여성의 스타일이라고 생각합니다. 하지만 남자는 짧은 머리, 여자는 긴 머리라는 고정관념이 생긴 것은 얼마 되지 않았습니다.

사회에 따라 머리 길이의 기준은 자주 바뀌었습니다. 조선시대에만 해도 여성과 남성 모두 머리카락이 길었습니다. 단발령*이 선포되었을 때 목숨까지 내걸며 저항했지요. 군사정권 시기에도 남성들의 머리 길이를 강제로 정했습니다. 일제시대와 군사정권을 거치면서 남성들의 짧은 머리 모양은 독재와 권위주의*의 상징이 되었습니다. 이렇듯 남성은 짧은 머리, 여성은 긴 머리라는 고정관념은 남녀의 차이에서 일어나는 것이 아닙니다. 사회적으로 만들어 낸 이미지일 뿐이지요.

> ✱ **단발령** 1895년 고종임금이 성년 남자의 상투를 자르도록 내린 명령이다. 그 이유는 위생에 좋고 편리하기 때문이었는데 부모님에게 물려받은 신체, 머리털, 살갗은 훼손하지 않는 것이 효의 시작이라고 생각하는 유교 사상 때문에 반발이 심하였다.
>
> ✱ **권위주의** 나이와 성별, 지위 등의 힘으로 서열을 중시하는 것을 말한다.

여성들의 긴 머리는 아름다움을 상징합니다. 남성들도 여성들의 긴 머리 모양을 좋아하지요. 그런데 남성들이 직접 머리카락을 기르는 사람은 흔하지 않습니다. 요즘엔 남자들도 외모에 관심이 많아졌지만 겉모습 꾸미기에 두 성

의 차이는 뚜렷합니다. 만약 남성들이 여성에게 바라는 것처럼 자신을 꾸민다면 세상은 어떤 모습일까요? 더 재미있을 것 같지 않나요?

사람은 누구나 자신이 살고 있는 사회의 문화와 시대의 영향을 받습니다. 시몬 드 보부아르* 는 1949년 출간된 『제2의 성』이란 책에서 '여성은 태어나는 것이 아니라 만들어진다'고 썼습니다.

> *시몬 드 보부아르(Simone de Beauvoir, 1908~1986) 철학을 공부한 교사이자 작가이다. 1949년 발표한 『제2의 성』은 여성운동에 영향을 미쳤다. 대학시절 실존주의 철학자 장 폴 사르트르와 만나 연인이 되었으나 평생 결혼은 하지 않았다.

당시에 대부분의 사람들은 여성과 남성의 생물학적인 차이가 모든 것을 결정한다고 생각했지요. 여성과 남성은 태어난 성에 따라 다른 역할을 하며 살았으니까요. 보부아르는 성역할의 차이는 타고난 운명이 아니라 사회가 만든 것에 불과하다고 주장했지요.

여러분의 생각은 어떤가요? 여성과 남성은 타고 나는 것일까요, 아니면 사회에서 만들어지는 것일까요? 한번 생각해 보세요.

치마는 여성의 옷이 아니라고요?

이 사진 속에 아이는 여자아이
일까요? 남자아이일까요?

긴 머리에 치마를 입고 구두
를 신은 모습이 꼭 여자아이
같지요. 사진의 주인공은 미국
의 전 대통령인 프랭클린 루즈
벨트입니다. 남자아이인 것이
죠. 당시에 아이들은 일곱 살까지 성별의 구분 없이 길러졌
습니다. 남자아이들에게도 치마를 입히고 머리카락을 기르
도록 한 것은 흔한 일이었습니다.

하지만 서양에서도 일반적으로 남성은 바지, 여성은 치
마를 입어야 한다는 생각이 강했습니다. 여성의 바지는 여성운동의 상징이
될 정도였지요. 미국의 아멜리아 블루
머*는 여성복을 간편하게 만들고 남
성복과 비슷하게 만들자는 취지로 짧
은 치마 아래에 입을 수 있는 바지를
만들었습니다. 블루머라 불리는 이 바

★ 아멜리아 블루머(Amelia
Bloomer, 1818~1894) 여
성용 바지를 개발하고, 〈릴
리〉라는 여성잡지를 발행해
서 여성의 선거권과 일할 수
있는 권리를 주장했다. 아멜
리아 블루머의 이름을 딴 바
지 블루머는 자전거 등의 보
급으로 인기를 얻게 되었다.

지는 입고 활동하기에 편리했지만 여성답지 못하다는 비난을 들었습니다. 여성들이 바지를 평상복으로 입기 시작한 것은 2차 세계대전 이후였습니다.

여성은 긴 머리, 남성은 짧은 머리, 여성은 치마, 남성은 바지 등의 남녀의 고정된 외형은 우리에게는 익숙하지만, 인류의 역사를 돌아보면 그리 오래되지는 않았습니다.

오늘날은 대부분 여성만 치마를 입지만 인류가 옷을 입기 시작했을 때는 남녀를 가리지 않고 치마를 입었습니다. 이후 바느질 기술이 발달하고, 말을 타거나 전쟁이 벌어지면서 바지가 유용하게 쓰였습니다. 말을 타던 민족들은 활동의 편리성 때문에 바지를 입었는데 고구려, 백제, 신라 시대에는 여성들도 저고리에 바지를 입기도 했습니다. 인도와 중동 지역의 여성들도 바지를 입었지요.

반면 스코틀랜드나 중국, 유럽과 이집트 등의 전통 의상을 살펴보면 남성들도 오래도록 치마를 입었습니다. 고대 이집트의 상류층 여성들은 더운 날씨 때문에 남성들처럼 윗옷을 안 입고 다니기도 했어요. 지금으로서는 상상이 잘 안 되는 일이지요. 또 하이힐은 프랑스 왕 루이 14세를 비롯한 남성들의 애용품이었습니다. 가발을 쓰거나 화장을 하는 것도 주로 상류층 남성들이었죠.

여전히 아프리카 대륙에는 화려하게 꾸미고 아름답게 치장하는 남성들이 있습니다. 니제르의 유목민인 워다베족은 7일간 축제를 열고, 젊은 남성들 중에 미남을 선발합니다. 심사위원은 여성들이지요. 또 동물들 중에서도 수컷이 화려한 색의 깃털을 가지고 암컷을 유혹하는 일은 흔합니다.

시대와 장소에 따라 여성과 남성의 사는 모습과 생각은 많이 다릅니다. 사회마다 여성과 남성에게 요구하는 사회적 역할이 다르기 때문이지요. 니제르의 유목민과 루이 14세 시절의 프랑스, 그리고 지금의 한국 남성의 모습은 모두 다릅니다. 한국의 여성도 고려시대와 조선시대, 그리고 오늘날의 모습과 역할이 다르지요. 지금도 변해 가고 있으니까요.

성별에 따라 외모와 역할이 정해져 있다면 우리의 생활은 어떨까요? 정해진 대로 살아가는 게 편한 사람도 있지요. 하지만 모두 그렇지는 않습니다. 자신의 모습을 스스로 선택하고 싶은 사람도 분명히 있을 거예요. 스스로 선택할 수 없고 누군가 정해 놓은 기준으로 살아야 한다면 그것은 억압이 됩니다. 치마 입는 남성, 화장하지 않는 여성, 아이 돌보기를 좋아하는 남성, 힘쓰는 일을 좋아하는 여성……사람들은 누구나 자신의 개성대로 다양하게 살아갈 권리가 있으니까요.

색에도 성별이 있나요?

여러분은 무슨 색을 좋아하나요?

저는 보라색과 바다색을 좋아해요. 바다의 맑고 깊은 색은 아름다워서 볼 때마다 감동을 받습니다. 추위를 많이 타는 요즘은 주황색이 따뜻한 느낌이 들어 좋습니다. 어릴 때부터 좋아하던 색을 다 모아 보면, 빨주노초파남보……무지개색이 될 정도지요.

여러분이 좋아하는 색은 무엇을 떠올리게 하나요? 수많은 색 중에서 왜 그 색을 좋아하게 되었을까요? 친척 동생이 태어날 거라고 한번 상상해 보세요. 아직 아기가 여자인지 남자인지는 모릅니다. 만약 여러분이 아기에게 줄 선물을 고른다면 어떤 것을 준비할까요? 아기의 성을 안다면 선물의 종류나 색이 바뀔 수도 있지요.

유치원과 초등학교 저학년 어린이들을 보면 마치 여성을 상징하는 색, 남성을 상징하는 색이 있는 것 같아요. 여자아이는 옷, 가방과 우산, 장화까지 대부분 분홍색인 경우가 많지요. 남자아이는 옷, 가방과 우산, 신발까지 대부분 파랑색입니다.

어린이들이 분홍색과 파랑색을 선택하는 이유가 있을까

요? 태어날 때부터 여자는 분홍색을 남자는 파랑색을 더 좋아하는 걸까요? 아니면 여성을 상징하는 색은 분홍색이고, 남성을 상징하는 색은 파랑색이라는 것을 알고 좋아하는 것일까요?

색에 대한 고정관념은 어린이에게도 영향을 미칩니다. 백 년 전만 해도 색에 대한 해석이 지금과 달랐습니다. 분홍색과 빨간색은 왕과 아버지, 남성다움을 상징하는 색이었지요. 파란색은 감정과 어머니, 여성을 상징하는 색이었고요. 동양에서도 붉은색은 남성과 양을, 파란색은 여성과 음을 상징하지요. 태극기의 태극도 음양을 표현한 것이에요.

어린이 옷을 통해 미국사회를 연구한 미국의 역사학자 파울레티는 색에 대한 고정관념에 대해 이렇게 이야기합니다. "과거의 한 잡지는 '파란색은 앙증맞고 분홍색은 활기차다'고 표현했을 정도로 오늘날과 같은 고정관념은 없었다". 의류업이 발달한 1940년대부터 성별에 따른 색 분류가 시작됐는데, 그나마도 1960년대 여성운동으로 옷과 색으로 성별을 구분하려는 움직임은 약해졌다고 합니다.

그러다가 미국에서 아기용품이 대량 생산되던 1980년대에 들어서면서 성별에 따른 고정색이 자리를 잡았습니다.

여자는 분홍색, 남자는 파란색 기저귀가 그 시작이었지요. 성별에 따라 옷을 구분하면 더 많은 옷을 소비하기 때문에 의류업체에서 만들어 낸 판매 전략이라고도 해요. 태어난 아기의 성별이 달라지면, 아기용품을 새로 다 구입해야 하니까요.

산업의 힘이 색채의 전통적 의미를 바꾸고, 전 세계 어린이의 취향까지 통일시켰습니다. 어릴 때부터 남자는 파란색, 여자는 분홍색이라는 색 구별에 익숙해진다면 크면서 그 고정관념을 바꾸기란 쉽지 않습니다. 그렇게 어른이 되면 또 다른 어린이들에게 영향을 미치겠지요.

우리 사회에서 성별에 따른 고정관념은 무척 많습니다. 일부러 노력하지 않는다면 그런 고정관념에서 자유롭기는 쉽지 않지요. 좋아하는 색이나 외모꾸미기 같은 취향뿐 아니라, 집안일과 직업 등 우리 생활 전반에 영향을 끼치고 있으니까요.

사회는 오랜 시간 동안 여성과 남성에게 다른 기대를 가지고 성역할을 만들었습니다. 오늘날은 과거부터 이어져 오던 고정된 성역할이 많이 변했지요. 남성 같은 여성, 여성 같은 남성은 내 안에서도 찾아볼 수 있습니다. 사람에 따라 누군가에겐 고정된 성역할이 편하고 좋을 수도 있지만

어떤 사람에게는 '불편함과 억압으로 느껴지기도 합니다. 누군가에게 억압이 되는 성역할은 그대로 유지되는 것이 좋을까요? 변화가 필요할까요?

가부장제도란 무엇인가요?

인권이는 명절만 되면 마음이 무겁습니다. 명절에는 차례를 준비하고, 손님을 맞습니다. 엄마는 최소한 일주일 전부터 장을 보고 음식을 장만하느라 정신없이 바쁩니다. 아빠의 할아버지와 할머니, 증조할머니와 할아버지를 모시는 일이지요. 하지만 아빠와 고모는 함께 준비하지 않습니다. 아빠는 주방에 들어오면 큰일 나는 줄 알고, 고모는 차례를 지낸 다음에야 옵니다. 차례를 지낸 후에도 엄마는 손님을 치르느라 쉴 수가 없습니다. 엄마는 돌아가신 분들의 차례를 지내느라 살아 계신 외할머니를 보러 가지도 못합니다. 명절이 끝나면 엄마는 며칠을 몸살로 앓습니다. 아빠는 누워 있는 엄마를 보고 "누구나 하는 일을 가지고 저렇게 몸이 약해서야" 라고 말합니다. 엄마의 노고를 모르는 아빠에게 화가 납니다. 명절마다 부모님의 싸움은 커져만 갑니다. 인권이는 어른이 되면 제사를 지내지 않겠다고 생각합니다.

우리나라는 조상을 모시는 일을 중요하게 생각합니다. 명절이나 제사 때가 되면 결혼한 여성들은 시집의 제사를 준비하고, 모인 가족들의 식사 준비도 합니다. 남성들의 역할은 차례를 지내는 것 정도입니다. 조상을 모시는 걸 중요하게 생각하는 이유는 유교 문화 때문이지요. 제사 문화는 남성 중심 사회의 단면을 잘 보여 줍니다. 결혼한 여성들에게 자신의 조상은 별 의미가 없습니다.

가부장제도는 남성 중심적인 권위적인 제도와 사회를 말합니다. 특히 조선시대는 유교 문화를 바탕으로 남성 중심 문화가 자리를 잡았습니다. '남존여비'라는 말은 남성을 존중하고, 여성을 낮춘다는 말로 유교 문화 사회를 잘 보여 주는 말입니다.

조선시대에 가장은 나이 많은 남자였습니다. 나이에 따라 젊은 남자, 어린 남자의 순서에 따라 힘을 갖고, 의견도 중요하게 여깁니다. 즉, 가장의 자리는 아버지에서 큰아들로 이어집니다. 아버지가 돌아가신 후, 어머니가 살아 계셔도 그 집의 가장은 어머니가 아닌 그 집의 큰아들이었던 거죠.

여성은 집안을 대표할 수 없었습니다. 최근까지 있었던 제도인 호주제*는 남성 중심의 가족제도를 잘 보여 줍니다. 결혼 전에는 아버지가 호주이고, 결혼하면 남편이 호주가 됩니다. 만약 남편이 죽더라도, 아내가 아니라 아들이 호주가 됐지요. 여성은 성인이라도 법적인 가장이 되기 어려웠던 것입니다. 호주제는 여성단체의 요구와 헌법재판소의 판단을 거쳐 평등권을 위배한다는 이유로 2005년에야 폐지됐습니다.

　하지만 가부장적인 전통도 우리나라의 긴 역사를 생각해 보면 그리 오래 되진 않았습니다. 고려시대에는 연애가 자유로웠고, 딸과 아들의 구별도 심하지 않아서 재산을 나눌 때에도 아들과 딸을 차별하지 않았습니다. 결혼 풍습도 고려시대와 조선시대는 달랐습니다. 고려시대에는 결혼을 '장가간다'고 표현했습니다. 결혼하면 장인과 장모 집에서 살아야 했거든요.

　반면에 조선시대에는 남성 중심의 문화가 자리를 잡았습니다. 결혼도 '시집간다'는 표현으로 바뀌었지요. 결혼하면 여성은 시부모님과 함께 시집에서 살아야 했기 때문입니다. 조선시대에는 연애도 이혼도 어려웠습니다. 결혼한 딸이 시집에서 쫓겨나 친정에 돌아와도 '죽어서 시집의 귀신이 되라'며 돌려보냈다는 이야기는 흔합니다. 남편이 죽은 과부는 다시 결혼할 수 없었습니다. 국가는 사는 게 힘들어서 자살한 과부들을 '열녀'라며 남자 집안에 상을 내리기도 했습니다.

인류의 역사가 시작된 이래로 가부장제도는 지역을 불문하고 발전해 왔습니다. 대부분의 사회는 남성 중심의 정치와 경제 제도를 유지하고 있었으니까요. 서양에서도 남성들은 전통적으로 가정과 사회에서 의사결정권을 갖고, 땅과 재산도 남성들 몫이었지요. 여성이 남성에게 복종해야 할 것을 법으로 정하기도 했습니다. 여성은 결혼하면 남편의 의견을 따르고, 부인의 월급도 남편이 허락해야만 쓸 수 있었습니다. 은행에서 통장을 만드는 것도 쉽지 않았지요. 결혼하지 않은 여성은 사회적으로 더 인정받지 못했습니다.

가부장적인 사회에서는 여성과 남성이 서로 신체적으로 정신적으로 다르기 때문에 차별하는 게 당연하다고 여깁니다. 여성은 비이성적이고 약하기 때문에 강하고 이성적인 남성들의 보호와 지도를 받아야 한다고 생각하지요. 또 가부장적인 사회에서는 수직적인 질서를 중요하게 생각합니다. 높은 지위일수록, 나이가 많을수록, 남성일수록 더 많은 기회를 가집니다.

하지만 지난 200년 동안 여성들은 자신들이 약하지도 비이성적이지도 않다는 것을 보여 주었지요. 여성들은 잃었던 기회를 찾아, 자신들의 능력을 발휘하고 있습니다.

평등한 세상에서는 지위가 낮아도, 나이가 적어도, 장애가 있어도 제 목소리를 내고, 능력을 발휘할 기회가 주어져야 합니다. 그래서 여성운동을 하는 사람들은 사회에 가부장적인 성향이 사라져야 여성뿐 아니라 모든 인간이 자유롭고 평등하게 살 수 있다고 말합니다.

가사노동은 여성의 일인가요?

가사노동은 누구의 일이라고 생각하나요? 많은 남성들이 집안일을 할 때 집안일을 '한다'라고 안 하고 아내의 일을 '돕는다'고 표현합니다. 여러분도 집안일을 할 때 엄마 일을 도와드린다고 생각하지 않나요? 사실 가사노동은 가족 모두의 일이지만, 대다수의 사람들이 엄마 또는 부인의 일로만 생각합니다.

'밥은 하늘입니다. 하늘은 혼자 못 가지듯이 밥은 서로서로 나누어 먹습니다'라는 노래도 있을 정도로 밥은 우리 삶에 매우 소중한 존재입니다. 누구나 밥을 먹어야 사니까요.

이처럼 오래전부터 쌀은 귀한 대접을 받았지만, 밥하는 일은 그렇지 못했습니다.

가부장제 사회에서는 남성들이 하는 집밖의 일은 귀한 일이고, 집에서 하는 여성들의 일은 하찮다는 편견이 있습니다. 전에는 남성들이 설거지라도 거들라고 하면 고추 떨어진다며 말리는 어른들도 많았지요.

여성들도 태어날 때부터 빨래와 청소, 요리 능력을 타고나지 않았습니다. 그저 매일 하다 보니 실력이 늘어난 것뿐이지요.

가사와 육아는 대부분 엄마들의 몫이 됩니다. 엄마와 아빠가 모두 일을 하는 맞벌이 가정의 경우에도 엄마는 쉴 수 없습니다. 직장에서 돌아오면 누구나 쉬고 싶습니다. 대부분의 가정에서 일반적으로 여성보다 힘이 세고, 에너지도 많은 남성은 소파에 누워 텔레비전을 보거나, 게임을 하면서 휴식을 취합니다. 같이 사는 공간인데, 남성들은 집에 오면 손가락 하나 움직이지 않는 경우도 있습니다.

2015년 통계청의 조사에 따르면, 맞벌이 가구에서 가사노동을 하는 시간은 하루에 평균적으로 남성은 40분, 여성은 3시간 14분이었습니다. 최근 남성의 가사노동 비율이 늘었다고는 하지만 5년 전과 비교해서 겨우 3분이 늘었을 뿐입니다. OECD 국가 중 한국 남성의 가사노동 시간은 꼴찌입니다.

맞벌이를 하지 않는 전업주부 여성의 가사노동 시간은 무려 6시간이나 됩니다. 자녀가 초등학교에 입학하기 전에는 하루 노동 시간이 6시간 40분 정도라고 합니다. 여러분의 엄마를 한번 떠올려 보세요. 회사에 다니지 않는다고 해도 엄마는 항상 엄청나게 많은 양의 일을 하고 있습니다. 회사에 출근하면 보통 아침 9시부터 저녁 6시까지 8시간 정도 일합니다. 6시간 40분이란 시간은 회사에서 일하는 근무시간과 비슷하지만 월급은 없지요.

여성의 가사노동 대부분은 남편과 자녀들을 위한 경우가 많습니다. 남편이 없는 여성의 가사노동 시간은 2시간이 조금 넘는 정도라고 하니까요. 그래서 결혼을 늦추거나 안 하려는 여성이 늘어나는 것입니다. 반대로 식사 준비와 집안일을 함께 나눌 수 있는 남성은 여성들에게 인기가 높아지고 있지요.

집안일은 경제적 보상이 없지만 사람이 살아가기 위해서 꼭 필요한 기술입니다. 따뜻한 식사와 쾌적한 공간을 만드는 것은 돈 이상의 가치가 있습니다. 가사노동은 삶의 질을 높여 주니까요. 인도의 정신적 스승이던 비노바 바

베*는 요리는 예술이라며 매일 식사를
준비하는 기쁨을 누렸다고 합니다.

  훌륭하게 지은 집도 사람이 살지 않
으면 금세 망가집니다. 습기가 차고, 곰
팡이와 먼지가 생기지요. 집은 사람이
살면서 청소하고 가꾸는 손길이 닿아야만 집다워집니다.
또 부엌은 음식을 끓이고 데워야 온기가 채워집니다.

  가사노동은 사람이 사람답게 살 수 있도록 만드는 기본
이 되는 일입니다. 하찮은 일이 아니라 중요한 일이지요. 함
께 해야 더 즐거운 일이기도 합니다.

모성은 타고난 것일까요?

엄마 아빠의 관심과 사랑을 골고루 받고 자라는 사람은 많
지 않습니다. 아마 대부분의 사람들은 부모 중 한 사람, 그
중에서도 엄마의 깊은 관심 속에서 자라지요.

  엄마의 자녀에 대한 애정은 대단합니다. 재난 현장에서
죽음을 불사하고 자녀를 구한 용감한 어머니의 사례를 책
이나 뉴스에서 종종 볼 수 있지요. 어머니의 사랑은 초월

적인 힘을 발휘하기도 합니다. 신이 너무 바빠서 각 가정에 어머니를 보냈다는 말이 있을 정도니까요. 불교에서는 여성 신자들을 보살이라고 부릅니다. 보살이란 중생을 구제하기 위해 깨달음을 미룬 사람이지요.

여성에게는 타고난 모성이 있다고 합니다. 그런데 정말 여성은 아기를 좋아하고, 불쌍한 사람을 돕고 싶은 마음을 지니고 태어났을까요?

대부분의 여성은 자라면서 가족을 사랑하고 헌신해야 한다는 교육을 끊임없이 받습니다. 지금은 엄마 혼자 육아를 담당하는 집이 많지요. 엄마는 화장실 갈 시간도 없을 정도로 아기와 붙어 지냅니다. 처음 아기를 키우는 엄마들은 매순간 당황스럽지요. 육아 스트레스와 산후 우울증을 경험하는 경우도 많습니다. 모든 여성들이 모성을 타고 나는 것이 아닙니다. 남보다 자녀 사랑이 부족하다고 느끼는 엄마는 양심의 가책을 받기도 합니다.

엄마들이 자녀 문제로 신경 쓸 때 아빠들은 대부분 가정에 없습니다. 모성애라는 말은 아주 익숙하지만 부성애라는 말은 낯설지요. 그렇다고 남성들이 특별히 인간애가 부족한 것은 아닙니다. 혼자서 아이를 키우거나 아픈 가족을 돌보는 남성들도 있지요. 가족을 돌보는 남성들도 원래 다정한

58

성격이기 때문에 하는 것이 아니라, 자신에게 주어진 역할을 한 것뿐이라고 합니다. 사실은 남성들도 자신이 주변을 돌봐야 한다면 그 역할을 잘 해낼 수 있지요. 단지 일반적으로 여성에 비해 가족을 돌봐야 하는 경우가 적을 뿐이지요.

바람직한 아버지의 모습도 바람직한 어머니처럼 사회가 만들어 내는 것입니다. 우리나라는 오랫동안 따뜻하고 다정한 아버지보다는 자녀와 거리를 두는 엄한 아버지를 바람직하게 여겼습니다. 아버지들은 가정보다 사회생활, 직장생활에 더 집중하곤 했지요. 그러니 아버지는 가족을 위해서 일하지만 정작 가족과는 함께 하지 못했지요. 아버지와 아이가 함께 시간을 보내지 않고, 대화하지 않는다면 자녀가 커 갈수록 관계는 더 서먹해질 수 있습니다. 가족 간이라도 대화가 없으면 서로를 이해하기는 어렵습니다.

'삶의 질'과 관련한 조사 결과를 보면 이런 현실을 그대로 반영하고 있습니다. OECD(경제협력개발기구) 회원국을 대상으로 한 조사에서 부모가 자녀와 보내는 하루 평균 시간은 151분인데, 한국인은 48분이었습니다. 그중에서도 아빠가 아이와 보내는 시간은, OECD 평균이 47분인 데 반해 한국의 아빠는 6분에 불과했습니다. OECD 회원국 36개국 중 꼴찌였습니다(2015년 통계).

텔레비전 육아 프로그램에서 보면 남성 연예인들이 어린 자녀를 돌보면서 재미와 훈훈한 감동을 줍니다. 하지만 연예인처럼 시간을 자유롭게 쓸 수 있는 직업이 아니라면 아빠가 직접 육아를 하기란 쉽지 않지요. 그래서 우리나라에는 '육아휴직제도'라는 게 있습니다. 직장을 다니던 부모가 자녀를 낳으면 1년씩 쉬면서 아기를 돌볼 수 있는 시간을 보장하는 제도이지요. 누구나 사용할 수 있지만, 여성에 비해 남성 이용자는 1/10도 되지 않습니다. 본인의 의지도 중요하지만, 남성이 육아를 목적으로 직장을 쉬는 것을 이해하지 못하는 사회의 영향도 큽니다.

요즘은 맞벌이 가정이 늘고, 할머니가 손주를 돌보는 경우도 많습니다. 아이를 돌보는 일을 누군가 혼자 맡아서 하는 것이 아니라 둘 또는 그 이상의 사람이 함께 나눈다면, 부담은 줄어들겠지요. 또 아기를 키우면서 느낄 수 있는 감동도 함께 누릴 수 있겠지요. 여기에 아이를 키우는 가정에 대한 국가적 지원과 책임도 커진다면 가정의 육아 부담이 많이 줄어들 것입니다. 유럽의 국가들은 아동을 키우는 가정에 양육수당을 지급합니다. 양육수당은 여성들의 요구로 얻어진 것이지요. 요구하지 않으면 어떤 변화도 일어나기 어렵습니다.

이갈리아의 남성과 여성

이갈리아라는 나라가 있습니다.

이곳의 여성들은 꾸준한 운동과 체력 단련으로 남성보다 체격이 좋습니다. 여성들은 전통적으로 육체적인 노동을 하지요. 반대로 남성들은 작을수록 아름답다고 여겨집니다. 남성들은 집에서 살림을 하고, 부인에게 순종적이어야 하지요. 그들의 관심은 패션과 육아, 가사 등입니다.

페트로니우스는 이갈리아에 사는 십대 소년입니다. 뱃사람이 되고 싶지만, 위험하고 험한 일이라며 주변에서는 반대합니다. 거리에 나서면 여성들은 남성들의 외모를 품평합니다. 페트로니우스는 이갈리아의 장관이기도 한 엄마의 도움으로 배에 탈 기회를 얻었지만, 선장에게 성추행을 당합니다. 숲길을 산책하다 여성들에게 성폭력을 당하기도 하지요. 남성으로 태어났지만, 자유롭게 살고 싶었던 페트로니우스는 친구들과 함께 남성해방운동을 펼칩니다. 이 경험을 바탕으로 '민주주의의 아들'이라는 소설도 쓰지요. 페트로니우스의 엄마는 이 소설을 읽고 분노하지만, 아빠는 아들을 지지합니다.

이갈리아는 오래 전 혁명으로 남성들이 지배하던 가부장제 사회가 가

모장제 사회로 바뀐 나라입니다. 우리 사회와 정반대의 모습이지요.

이 이야기는 노르웨이의 작가인 게르트 브란튼베르그(1941~)가 1975년 발표한 소설 『이갈리아의 딸들』의 줄거리입니다. 이 소설은 남자들에게 입장 바꿔 생각해 보라고 강력하게 말합니다. 또 여성이 사회와 가정에서 주도권을 갖는다면 세상이 평등해질지도 묻습니다. 이갈리아처럼 여성에 의한 남성의 억압과 차별이 생길 수도 있으니까요. 평등은 강자와 약자의 위치가 바뀐다고 해결될 문제가 아니지요. 여전히 누군가 억압받고 있다면 진정한 평등도 해방도 아니니까요.

3장

차별 없이 남녀를
대할 순 없을까요?

여성들은 왜 참정권을 요구했나요?

오늘날 대부분의 국가는 민주주의를 지향합니다. 우리나라 뿐 아니라 미국과 프랑스, 북한과 아프리카 대륙의 여러 나라들도 마찬가지지요. 민주주의 국가에서는 국민이 국가의 주요 정책에 대해서 의견을 내고 같이 결정할 수 있어야 합니다. 하지만 여성들이 남성과 같은 국민으로 인정받은 지는 그리 오래 되지 않았습니다. 여성들의 권리는 치열하게 요구한 끝에 겨우 얻을 수 있었지요.

민주주의 이전에 대부분의 나라들은 신분제 사회였습니다. 서양에서는 왕과 교황, 귀족이 백성을 다스렸지요. 왕의 명령은 곧 법이었습니다. 하지만 신분제 사회도 무너지기 시작했지요. 그 시작이 1789년 프랑스 시민혁명입니다. 하지만 혁명을 위해 거리에서 함께 싸운 여성들에게는 아무런 권리도 보장되지 않습니다. 여성은 남성의 소유물, 재산에 불과하다는 생각이 지배적이었기 때문입니다.

여성의 참정권*을 주장하던 이들은 정치의 소용돌이 속에서 사형까지 당했습니다. 올랭드 구즈는 여성권리선언(1791)을 통해 '여성은 자유롭고 평등한 권리를 갖는다'며, '자신의 의견에 대해서 침묵받아선 안 된다'고 주장했습니다. 여성의 정치적 권리뿐 아니라 흑인 노예의 인권문제에도 관심을 가졌지요. 올랭드를 비롯한 대표적인 여성운동가들이 사형당한 후 여성단체는 해산됐고, 집회는 금지됐습니다.

> ✱ 참정권 국민이 국가의 일에 직접 또는 간접으로 참여할 수 있는 권리를 말한다. 선거권이나 선거에 출마할 수 있는 권리가 대표적이다.

영국의 메리 울스턴크래프트*는 '여성이 교육받을 기회가 있다면 인권을 회복할 수 있다'고 주장했습니다. 또 영국의 공리주의자인 존 스튜어트 밀은 아내의 영향으로 『여성의 종속』이라는 책을 써서 여성참정권에 힘을 실었습니다. '인류의 반인 여성에 대한 억압은 인류의 손해'라고 주장했지요. 또 '여성이 가정에 있는 것이 사회의 이익이라는 것은 사실 남성의 이익에 불과하다'고 분석했습니다.

> ✱ 메리 울스턴크래프트 (1759~1797) 『여성의 권리 옹호』라는 책을 쓰고 여성의 교육, 직업을 가질 권리 등을 주장했다. 여성학교를 세우기도 했다.

프랑스를 비롯해 영국과 미국 등의 여성운동가들은 단식

1791년 권리선언

여성은 자유롭고 평등한 권리를 갖는다.

존 스튜어트 밀

인류의 반인 여성에 대한 억압은 인류의 손해다.

여성의 종속

응!
응!

1917년 볼셰비키 혁명

여성 참정권

알렉산드라 콜론타이

응…

가사노동과 육아도 남성과 평등해야 합니다.

에멀린 팽크허스트

여성에게 투표권을 달라!

이거 안 봐?

68 혁명

LOVE & PEACE

이게 놀라운건 불과 얼마전까지의 일이라는 거야.

지금 여성의 권리가 있기까지 많은 사람들의 희생과 투쟁의 역사가 있어 왔지.

을 하고, 전국을 돌며 여성의 동등한 권리를 주장했습니다.

특히 영국의 참정권 운동은 강력했습니다. 에멀린 팽크 허스트(1858~1928)는 영국의 참정권 운동을 이끌었습니다. 폭력도 마다하지 않는 투쟁 방식으로 수차례 경찰에 연행됐지요. 자신들의 뜻을 주장하기 위해 런던의 주요 건물 유리창을 깨고, 빈 건물에 폭탄도 설치했습니다. 함께 활동한 회원 중에는 사람들이 많이 몰린 경마장에 뛰어들어 목숨을 바치면서까지 여성의 참정권을 요구하는 경우도 있었습니다.

이렇게 끈질긴 투쟁을 통해 최초로 여성의 투표권이 인정된 것은 뉴질랜드(1893)와 오스트레일리아(1902)였습니다. 개인의 자유를 중시하던 신대륙에서 여성의 투표권이 유럽보다 일찍 보장된 것이죠. 이어서 북유럽의 핀란드와 노르웨이 등에서도 참정권이 인정됐습니다.

러시아에서는 1917년 볼셰비키 혁명*으로 여성들의 참정권이 갖게 되었습니다. 러시아의 혁명가 알렉산드라 콜론타이*는 여성의 사회적 참여는 참정권만으로 활발해지기 어렵다고 지적했

> ✱ 볼셰비키 혁명 볼셰비키는 다수파라는 뜻으로 볼셰비키 혁명은 세계 최초의 공산주의 혁명이다. 러시아는 내전을 거쳐 1922년 소비에트연방 국가를 세웠다.
> ✱ 알렉산드라 콜론타이 (1872~1952) 러시아 혁명가이자, 페미니스트, 소설가이다. 다수의 평등한 여성 정책과 법에 영향에 끼쳤다.

습니다. '가사노동과 육아도 남성과 나누고, 사회화되어야
만 한다'고 주장했지요. 그동안은 여성의 역할이라고 여겨
졌던 육아와 가사노동을 가정 안에서는 남성과 나누어 하
고, 사회에서도 그 책임을 져야 여성이 평등하게 사회생활
을 할 수 있다는 뜻입니다. 혁명 후에 세워진 소련 정부는
그녀의 주장을 받아들여서 남녀평등에 입각한 법과 제도
를 만들었습니다.

영국 정부도 1918년 여성에게 투표권을 주었습니다. 30세
이상 여성에게만 주어진 것이었지만요.

제2차 세계대전이 끝난 후 여러 나라에서 여성들의 선거
권을 인정했습니다. 여성들이 전쟁에 직·간접적으로 참여
해 국민으로서 애국심을 보였기 때문이지요. 한편으로는
적극적으로 남녀평등 정책을 펼치던 공산당의 세력이 확대
될 것을 두려워했기 때문에 참정권을 인정한 것이기도 합
니다.

우리나라는 1945년 해방되면서 남성과 똑같이 여성의 참
정권이 인정되었고, 같은 해 프랑스도 여성의 참정권을 인
정했습니다. 스위스는 1971년, 포르투갈은 1976년에야 여
성이 투표권을 얻을 수 있었습니다.

그리고 여성의 참정권 운동은 여전히 진행 중입니다.

2015년 12월 사우디아라비아에서 처음으로 여성의 참정권이 인정됐으니까요.

여성과 남성의 말하기는 왜 다른가요?

인간은 혼자서 살 수 없고, 여럿이 어울려 살아야만 합니다. 인간에게 서로의 생각과 마음을 전하는 말은 중요합니다. 말은 의사소통 수단이지만, 그 이상의 의미가 있습니다. 사람들은 말을 통해서 서로를 이해할 수도 있지만 말이 오해를 낳기도 합니다. 말은 상처를 줄 수도 있지만 그 상처를 치유하는 힘도 가지고 있습니다.

여성과 남성의 차이를 보여 주는 것 중에 하나가 바로 말하기입니다. 대체로 여자아이가 남자아이보다 말을 빨리 배웁니다. 또 여성들은 직설적으로 표현하기보다 에둘러서 말하는 경향이 있습니다. 그래서 남성들은 여성들이 진짜 원하는 게 무엇인지 모르겠다고도 하지요.

또 여성들은 거짓말에 잘 속지 않습니다. 여러분도 거짓말을 했다가 엄마에게 들통 난 경험이 있을 겁니다.

오누이 간에 싸움이 나면, 남자는 여자에게 말로 이기

기 힘들어합니다. 여성의 말에 대꾸할 말을 찾지 못해서 쩔쩔매는 경우도 많고요. 자기가 하고 싶은 말을 제때에 하지 못하면 화가 나지요. 그래서인지 남자들은 대체로 사춘기가 되면 말수가 더 줄기도 합니다.

성인이 된 남성들은 직접적이고 공격적인 말과 주장하는 말을 많이 씁니다. 경쟁 속에서 발달한 말이지요. 남성들의 공격적인 말투는 유머에서도 나타납니다. 개그 프로그램을 보면 개그맨들이 상대방을 깎아내리면서 웃기려는 모습을 자주 볼 수 있습니다.

이런 남성과 여성의 말하기의 차이는 왜 생기는 것일까요?

보통 돌이 지나면 아기들은 엄마, 밥 등을 시작으로 말이 많이 늡니다. 이때 아기가 무엇을 요구하기 전에 부모님이 알아서 다 해 주면 아기의 말이 느려질 수 있습니다. 보통 둘째 아이나 여자아이가 말을 빨리 배우는 이유는 자신의 의사를 잘 전달해야 하기 때문입니다. 첫째나 남자 형제에게 쏟는 부모님의 관심을 자신에게 돌리기 위해서는 더 빨리 말을 배워야 하는 것이지요.

대부분의 여성들은 사회적으로 약자인 경우가 많아서 상대방의 감정을 살피며 말해야 했습니다. 그래서 여성들의 말은 간접적이고 에둘러 말하는 경우가 많습니다. 거짓

말을 가려 내는 능력도 말하는 사람의 얼굴과 태도, 감정을 살펴서 알게 되는 것이지요.

사회심리학자 캐롤 타브리스는 '여성의 말은 약자로 살아가기 때문에 발달하는 언어'라고 정의했습니다. 이것은 여성의 기술이 아니라, 자기보호를 위한 약자의 기술이라는 것이지요. 실제 여성리더와 함께 일하는 집단의 남성들도 리더의 감정을 살피고, 말을 에둘러서 합니다. 즉, 약자의 언어를 쓰는 것이지요. 리더가 된 여성은 직접적인 언어를 많이 씁니다. 남녀의 권력이 동등해지면 언어습관의 차이는 많이 줄어들겠지요.

실제로 요즘 여성들은 과거보다 더 당당하게 이야기합니다. 사회가 더 민주적으로 변했기 때문에 여성과 남성의 차이는 커 보이지 않습니다. 자녀의 수도 적어졌기 때문에 여성이라는 이유로 교육을 덜 받지 않습니다.

한편, 남성들은 대체로 감정을 잘 표현할 줄 모릅니다. 이성적으로 감정을 잘 통제해야 한다고 배우기 때문이지요. 특히 남들 앞에서 약한 모습은 보이지 않으려 합니다. 남자는 인생에서 세 번만 울어야 한다는 말이 있을 정도지요. 남성들은 자라면서 솔직하게 자기감정을 드러내 본 경험이 적습니다. 또 늘 경쟁을 하도록 강요받기 때문에 속마음을 털어놓을 친구도 점점 부족해집니다. 어려서부터 자기 감정에 솔직해 본 경험이 적다면, 성인이 되어도 달라지기는 어렵지요. 자기 감정도 이해하기 힘든데 상대방의 감정을 이해하고 공감하기란 더욱 어려운 일입니다.

말을 할 때는 이해와 공감이라는 목적이 있습니다. 이해와 공감을 높이려면 솔직함이 기본이 돼야 합니다. 솔직해야 믿음도 생기지요. 하지만 상대방의 감정도 고려할 줄 알아야 합니다. 사람들은 말의 내용보다도 말에 실린 감정에 영향을 더 많이 받으니까요. 사람은 감정적 동물입니다. 이해받고 소통하기를 원하지요. 나는 어떤 식으로 말을 하고 감정을 표현하는지 돌아보세요.

여성과 남성의 능력 차이가 없다고요?

"수학은 정말 머리 아파, 알아들을 수가 없어, 외국어 같아."

"여자는 원래 수학을 못한대. 뇌가 그렇대."

"대신 언어 능력이 뛰어나다고 하잖아. 그래서 국어나 영어 점수는 높잖아."

"나는 수학이나 과학이 재미있어."

"너도 여자 머리는 아닌가 보다."

남학생들은 여학생보다 수학 실력이 뛰어나다고 합니다. 실제로 유명한 수학자, 과학자는 다 남성이지요.

남자 어린이는 몸을 움직이는 것을 좋아하고, 운동 실력도 좋습니다. 올림픽에 나온 세계 신기록을 보면 남성이 여성보다 속도나 힘에 있어서 더 뛰어나지요. 공간인지력도 뛰어나 운전도 잘 합니다. 남성은 좌뇌가 발달해서 논리적이고, 여자는 우뇌가 발달해서 감정적이라는 설명도 있습니다.

이런 차이는 사실일까요? 사실이라면 남녀의 차이는 태어날 때 이미 정해진 것일까요?

최신의 뇌과학 이론은 인간의 뇌는 좌우 양쪽을 서로 보완하는 능력이 있어서 뇌의 어느 한쪽이 더 발달하고 덜 사용하지는 않는다고 봅니다.

1800년대의 뇌과학자들은 여성과 남성의 차이가 뇌 크기 때문이라고 주장했어요. 남성의 뇌가 여성의 뇌보다 더 크기 때문에 남성은 이성적이고 능력도 뛰어나다는 것이었지요. 이후에 여성학자들은 당시의 학자들이 남성과 여성의 키와 몸무게를 고려하지 않고 머리와 뇌의 크기를 비교

했다는 허점을 발견했습니다.

뇌가 얼마나 발달하는지는 뇌의 크기에 달려 있는 게 아니라 뇌를 얼마나 쓰는지에 달려 있지요. 한국교육과정평가원은 여학생과 남학생의 2014년 학업성취도를 비교해 보았습니다. 전국의 중3, 고2 학생들의 국어, 영어, 수학 성적을 비교한 것입니다. 여학생들은 국어와 영어에서 남학생보다 평균 10점 이상 점수가 높았습니다. 남학생들은 수학 점수에서 평균 1점 정도 앞섰습니다. 여학생은 언어영역에서 점수가 높고, 남학생은 수학에서 조금 점수가 높게 나왔습니다. 결과를 보면 생물학적인 차이를 그대로 반영하는 것 같습니다.

하지만 2010년 이후 수학에서도 남녀의 차이가 줄어들고 있습니다. 북유럽의 나라에서는 여학생의 수학 점수가 남학생보다 높은 곳들도 있습니다.

전문가들은 이런 점수의 차이는 그 사회의 성차별과 성에 따른 편견에 영향을 받는다고 지적합니다. 여자는 수학이나 과학을 못한다는 편견 때문에 학생들이 수학이나 과학에 관심을 덜 갖게 만든다는 것이지요. 유명한 수학자나 과학자 중에 남자가 많은 것도 과거에는 여성에게 공부할 기회가 많이 주어지지 않았기 때문이지요. 요즘은 공간지

각능력과 수학, 예술, 운동기록에서도 남성과 여성의 차이가 점점 줄어들고 있습니다.

지금은 국가고시나 공무원 시험, 대학 시험 등에서 여성들이 높은 성적을 거두고 있습니다. 심지어 2015년 서울시 교육청 공무원 시험(9급 행정직)에서 합격자의 70% 이상이 여성이었습니다. 남학생을 자녀로 둔 부모들 중 일부는 여학생들의 성적이 높기 때문에 아들이 남녀공학보다 남학교에 진학하기를 희망합니다.

우리나라 여성들의 성적이 왜 좋아졌을까요? 능력의 차이가 생물학적인 차이라면 최근 100여 년 사이에 여자들의 뇌가 갑자기 진화한 것일까요?

여학생과 남학생의 성적이 차이가 나는 이유는 공부하는 시간 때문이라고 합니다. 여학생은 남학생보다 독서하는 시간, 공부하는 시간이 매일 1시간씩 더 많았다고 하네요. 여학생이 남학생보다 성적이 높게 나오는 것은 당연한 결과지요.

여성과 남성의 능력 차이를 비교하지만, 성별의 차이보다는 같은 성별 안에서 차이가 더 큽니다. 여성들 사이에서, 남성들 사이에서 차이가 훨씬 더 크지요. 사실 남과 비교해서 누가 더 우월한지 따지는 것은 별 의미가 없습니다.

대다수의 사람들은 끊임없이 열등감을 느끼고 소수의 사람에겐 자만심을 불러일으켜 정작 실력을 늘게 하진 못하니까요. 하물며 성별로 누가 더 우월한지 따지는 것이 무슨 의미가 있을까요?

여성과 남성의 일이 따로 있나요?

여러분은 여성이 할 일, 남성이 할 일이 따로 정해져 있다고 생각하나요? 만약 그렇다면 여성과 남성은 어떤 일을 해야 할까요?

과거에 여성은 결혼해서 살림을 하고, 아이를 키워야 했습니다. 남성은 직장생활을 하면서 가족의 생계를 책임져야 했지요. 이렇게 성에 따라 여자가 하는 일, 남자가 하는 일이 따로 있다는 것을 성별 분업이라고 합니다.

성별 분업은 생물학적인 차이 때문에 시작됐을 가능성이 높습니다. 아기를 낳고 젖을 먹이는 것은 여성만이 할 수 있는 일이니까요. 하지만 시간이 지나자 신체적인 차이는 능력의 차이가 됐습니다.

공장이 생기고, 무역과 상업이 발달하면서 다양한 직업

이 많이 생긴 산업사회에서 남성들은 가정에 묶여 있던 여성보다 먼저 농촌 사회에서 도시로 나와 새로운 직업을 구하고 전문가가 되었습니다. 하지만 이러한 사실은 이성적이고 힘이 센 남성들이 직장을 통해 능력을 발휘하고 전문가가 됐다고 생각하게 만들었습니다.

여성이 직장생활을 하기 시작했을 때 처음 맡았던 일은 차 대접이나, 서류 복사, 청소 등이 많았습니다. 남성은 사장, 여성은 비서였지요. 또 남성이 의사라면 여성은 간호사였지요. 성별에 따라 직업적인 구분은 명확했습니다.

사회적인 대우와 급여도 낮았습니다. 여전히 여성의 직업은 생계를 책임진다는 의미보다 남편의 월급을 보충한다는 개념이 더 강했습니다. 따라서 같은 일을 해도 급여가 낮은 경우가 많았지요. 무엇보다 여성에게 직장은 잠깐만 다니는 곳이었어요. 결혼하기 전이나 남편이 사망한 경우에만 직장을 다닌다고 생각했죠. 또 가난한 집안의 여성들은 낮은 급여를 받고 공장의 노동자나 하녀로 일했습니다.

하지만 전쟁*은 고정적인 남녀의 직업 역할에 큰 변화를 가져왔습니다. 전쟁이 일어나자 남성들은 전쟁터로 떠났고, 여성들은 남성들의 일자리를 대신

* 우리나라에서는 한국전쟁, 서양에서는 제1차, 제2차 세계대전이 이런 경우에 해당된다.

해야 했습니다. 무기를 생산하고, 공장의 기계도 계속 돌려야 했으니까요. 농촌에서도 여성들의 노동이 필요했지요. 하지만 남성들이 돌아오자 대다수의 여성들은 다시 가정으로 돌아가야 했습니다.

경제가 어려워지면 먼저 여성들이 해고됩니다. 하지만 여성들의 급여가 남성들보다 낮기 때문에 사장들에게는 여성을 고용하는 것이 더 이득이 되는 경우가 있습니다. 그래서 계속 일하는 여성들이 늘어날 수밖에 없었지요.

오늘날은 여성과 남성의 직업의 차이가 과거에 비해 많이 줄었지만 말 속에는 여전히 흔적이 남아 있습니다. 여의사, 여선생님, 여대생, 여자 선수, 여자 개그맨 등 직업 앞에 '여' 자가 붙는 경우가 많지만 남의사, 남선생님, 남대생, 남자 선수라는 말은 없습니다. 남자들이 의사가 되거나 선생님이 되는 것은 당연한 일이었으니 굳이 직업 앞에 남자를 넣지 않았지요. 지금은 성별에 따른 직업 선택의 차이가 줄어들고 있으니 대학생이나 선생님 앞에 '여' 자를 따로 붙일 필요가 없습니다.

과거와 비교해 보면 직업은 많이 변했습니다. 큰 힘이 필요하지 않은 사무직과 서비스직이 많아졌지요. 힘을 들여야 하는 공정에는 기계가 그 일을 대신 맡고 있는 경우가

많고요. 자연스럽게 여성들의 참여가 늘어날 수밖에 없습니다.

과거에는 남자들만 할 수 있다고 여겨진 분야에서 일하고 있는 여성도 많습니다. 경찰과 군인, 비행기 조종사, 버스 기사, 목공, 건설, 건축과 같은 다양한 분야에서 일하는 여성들이 늘고 있지요.

과거에 여성들은 일할 기회를 갖지 못했지요. 하지만 오늘날은 여성도 능력만 있다면 원하는 직업을 가질 수 있습니다. 이러한 예시들은 직업의 차이는 능력의 차이가 아니라 단지 기회의 차이임을 보여 주고 있습니다.

남성들도 요리사, 헤어디자이너, 패션디자이너, 유치원 교사, 청소부, 가사도우미, 비행기 승무원 등으로 일합니다. 남성과 여성의 일이 구분되어 있다고 생각한 과거에는 상상할 수 없는 모습이지요. 여성이라서 또는 남성이라서 안 된다는 경계선이 사라지면 좋아하는 일을 자유롭게 선택할 가능성은 더 커지겠지요.

여성운동의
제2물결, 68혁명

68혁명은 미국의 베트남전 파병 반대 운동으로 시작됐습니다. 베트남은 프랑스의 식민지에서 독립했지만, 북부와 남부로 갈라졌지요. 미국은 독재자가 지배하던 남베트남을 지원했고, 공산주의 체제였던 북베트남과 전쟁을 벌였습니다. 텔레비전으로 방영된 전쟁은 베트남의 피해와 늘어난 미군 전사자의 수를 보여 주었지요. 1968년, 젊은이들은 명분 없는 국가의 전쟁을 반대했습니다. 미국의 반전평화운동은 유럽에도 영향을 끼쳤습니다.

당시의 젊은이들은 베트남의 호치민(1890~1969)과 쿠바의 체 게바라(1928~1967)와 같은 혁명가를 존경했지요. 존 레논과 같은 대중가수와 젊은이들은 전쟁 대신 사랑을 노래하며 문화의 변화를 만들었습니다. 학생과 시민들의 압력으로 결국 미국은 1972년 베트남에서 철수했고 당시 진보적 운동의 요구는 현재 유럽사회의 기초가 됐습니다.

68혁명은 여성운동이 새롭게 부활한 시기이기도 합니다. 당시의 상황은 '개인적인 것이 정치적인 것이다'라는 구호에 잘 나타납니다. 개인의 문제로 보았던 '사랑과 성, 성 정체성, 성폭력 등'이 여성인권 문제로 등장한 것이지요. 여성의 몸과 관련해 건강과 피임, 낙태 등도 중요하

게 다뤄졌습니다. 여성노동자들은 남성과 같은 임금을 요구했고 정치
와 사회에서도 여성할당제를 요구했지요. 여성들 안에서의 차이, 인종
과 계급, 성소수자 등의 문제가 중요하게 이야기되기 시작했습니다.

4장

여성과 남성의
사랑은 다른가요?

사랑이란 무엇인가요?

4세기경 인도에서는 '사랑의 시'라는 뜻인 『카마수트라』가 7권의 책으로 만들어졌습니다. 이 책의 저자로 알려진 바츠야야나는 진정한 사랑에는 규칙이 없다고 말했지요. 기원전 고대 그리스와 로마에서도 사랑에 대한 시와 신화가 전해집니다. 예나 지금이나 사랑에 대한 관심은 뜨겁습니다.

우리는 왜 사랑을 할까요? 사랑은 '빠진다'고 말합니다. 사랑이란 감정은 의지로 조절할 수 있는 것이 아니지요. 나도 모르게 상대방에게 빠져드는 일이니까요. 누군가를 좋아하게 되면 기분이 날아갈 듯 좋아집니다. 밥을 안 먹어도 배가 고프지 않고, 잠을 자지 않아도 졸리지 않습니다. 모든 일이 잘 될 것 같다가, 금방 우울해지기도 하지요. 내 기분이 좋아져서 다른 사람들에게도 친절해집니다. 좋아하는 사람에게 최선을 다하려는 마음도 생기지요.

하지만 이런 마음도 영원하지는 않습니다. 그래서 인도에서는 사랑을 마야, 즉 환상이라고도 했지요. 사랑은 실제 존재하지 않고 상상 속에만 있다는 것이지요.

사람은 이기적인 존재라 그저 자기 자신만을 사랑할 뿐이라고도 합니다. 과학은 이기적인 인간을 증명하듯이 연인과의 사랑에도 유효기간이 있다고 말합니다. 사람이 다른 사람에게 호감을 느낄 때 나오는 호르몬은 180일에서 최장 3년 정도만 분비된다고 하니까요.

일부 과학자들은 사랑이란 육아문제를 해결하기 위해 여성과 남성이 진화하고 적응해 온 결과라고 주장합니다. 실제로 결혼이라는 제도가 없는 원주민 사회나, 동물들도 출산이나 육아 후 이별을 하는 경우가 종종 발견되기 때문이지요.

과학자들의 말처럼 사랑의 호르몬이 멈추면, 사랑은 끝나는 것일까요? 열정이 사라진 사랑을 사랑이라고 할 수 있을까요?

하지만 진정한 사랑은 호르몬이 멈춘 이후부터 시작됩니다. 열정이 지나간 후에 오히려 성숙된 사랑이 가능한 것이지요. 친구와의 우정을 나누듯이 연인과의 사랑도 서로 가꾸어야 합니다. 『사랑의 기술』을 쓴 사회심리학자 에리히 프

롬은 '사랑은 저절로 되는 것이 아니라, 훈련과 노력이 필요하다'고 말합니다. 사랑의 기술에 통달하면 삶을 예술로 만들 수 있다는 매력적인 주장이지요.

사랑은 사람을 성숙하게 만듭니다. 더 오래 고민하고, 행동하게 만드니까요. 자신보다 사랑하는 사람을 먼저 생각하게 하지요. 깊은 사랑은 가족 이상의 애틋함을 만듭니다. 처음 열정과는 다르지만, 특별하고 깊은 애정과 믿음이 있는 관계를 만들기도 합니다. 사랑은 기간의 문제가 아니지요. 사랑하는 애인의 사진을 보면 연애 기간과 상관없이 뇌에서 안정감과 애착 같은 특별한 반응을 보냅니다.

하지만 사랑이 늘 행복하거나 달콤한 것은 아닙니다. 모든 사랑에는 이별이라는 것이 따르니까요. 사랑과 고통은 한 쌍일지도 모릅니다. 사랑에 고통이 따르는 것이라면 고통을 해결하는 방법도 있겠지요. 사랑하는 마음을 받아들이듯이, 이별에 대해서도 받아들여야 합니다. 연애가 인생의 끝이 되는 비극이 되어서는 안 되니까요. 하나의 연애가 끝난 것일 뿐입니다. 끝은 새로운 시작으로 이어질 수 있습니다.

연인과 헤어진 후에도 친구가 될 수 있습니다. 한때는 가장 친밀하고 특별한 사이였으니까요. 이혼한 부부도 최소한 자녀 문제를 함께 의논해야 합니다. 또 사별의 아픔도 크지만, 남은 사람은 이별의 아픔을 극복해야 하지요. 삶은 계속되니까요. 더 많이 오래 사랑한 사람이 분명 더 아프기도 합니다.

평화학자 정희진은 "사랑하는 고통으로부터 자신의 크기와 깊이를 깨닫는다"라고 말했습니다. 사랑은 배움으로 이어지니까요. 모든 종교에서 말하는 가장 큰 지혜는 바로 사랑입니다.

사람들은 어떤 사랑을 꿈꾸나요?

사랑에도 다양한 모습이 있습니다.

부모님의 사랑, 가족과 친지들의 관심과 애정, 친구와의 우정, 전쟁과 빈곤에 시달리는 사람들에 대한 슬픔과 안타까움, 그들이 안전하고 평화롭기를 바라는 인류애와 함께 어려움을 해결하려는 연대, 그리고 동물을 자식처럼 사랑하기도 합니다.

사랑은 나누는 대상에 따라 다양하게 표현되지요. 애정과 관심이라거나, 우정과 인류애, 연대라고도 합니다. 유교에서는 인이라고도 하고, 불교에서는 자비라고도 합니다. 어떻게 부르던 이렇게 다양한 사랑이 없다면 삶은 팍팍하고 건조해지겠지요. 하지만 무엇보다 가장 관심이 가는 것은 연인과의 사랑입니다. 연인과의 사랑도 다양하게 불렸습니다. 한번 살펴볼까요?

가장 대표적인 사랑은 에로스입니다. 그리스 로마 신화에서 유래했지요. 에로스적 러브는 육체적 사랑을 말합니다.

미의 여신 아프로디테의 장난기 많은 아들인 에로스는 사랑의 묘약으로 젊은이들을 사랑에 빠지게 만드는 능력이 있었지요. 한편 아프로디테는 자신보다 아름다운 외모를 가진 인간 프시케에게 질투를 느끼고 벌을 내립니다. 아프로디테의 명령으로 벌을 주러 간 에로스는 프시케를 보고 그만 사랑에 빠집니다. 둘은 아프로디테 몰래 사랑을 나누지만, 곧 들통 나지요. 아프로디테는 둘의 사랑을 방해하고 시련을 줍니다. 프시케는 에로스와 만나기 위해 지옥까지 찾아갑니다. 죽음에 이른 프시케는 때마침 찾아온 에로스의 입맞춤으로 살아나지요. 결국 미의 여신 아프로디테도 둘의 사랑을 인정합니다.

이에 비해 플라토닉 러브는, 순수한 정신적인 사랑을 말합니다. 그리스 철학자 플라톤이 쓴 책 『향연』에서 유래한 것입니다. 플라톤의 스승 소크라테스는 '사랑은 지혜에 이

르는 수단'이라고 말했습니다. 실제로 소크라테스는 당대의 잘생긴 청년이었던 아르키메데스의 외모에 반했지만, 육체적인 관계는 원하지 않았다고 합니다. 당시에 남성들 사이에 동성애는 일반적이었지만요.

아가페적 사랑은 기독교에서 말하는 사랑입니다. 절대적이고 헌신적인 사랑을 뜻하지요. 신이 인간을 사랑하듯이, 또는 인간의 신에 대한 무한한 사랑을 말합니다. 초기 기독교 시절 가난하고 외로운 자를 위한 만찬을 아가페라고 부르기도 했습니다.

열정적 사랑은 피할 수 없는 사랑, 운명 같은 사랑을 말합니다. 열정적인 사랑은 사랑 외에 다른 것은 할 수 없는 상황이기도 합니다. 오늘날 연인과의 사랑에서 열정은 빼놓을 수 없는 부분입니다. 과거에 사람들은 열정적인 사랑은 파멸을 부르는 무분별한 사랑으로 보았습니다. 하지만 원래 열정이란 말은 신에 대한 사랑을 표현하던 종교적 용어였다고 합니다.

낭만적 사랑은 음유시인과 귀부인의 사랑에서 시작됐습니다. 낭만은 로망스의 한자 표현입니다. 로망스는 원래 이야기란 뜻이지만, 서정적이고, 감정적, 환상적이라는 의미를 갖지요. 주로 음유시인들이 귀부인들에게 들려주었던 이야기를 로망스라고 했습니다. 또는 귀부인과 음유시인의 순수한 사랑을 로망스라고 부르기도 했어요. 당시의 낭만적 사랑은 남녀가 첫눈에 반해 헌신적인 사랑을 주고받는 이야기들이 많습니다. 낭만적 사랑은 현대인에게 이상적인 사랑입니다. 드라마나 연애소설, 영화는 낭만적 이야기를 기초로 만들어집니다.

연인과의 사랑은 정신적 사랑과 육체적 사랑이나, 순수한 사랑과 열정적 사랑 등으로 나누었습니다. 과거에 사람들은 정신적 사랑을 순수하고 고귀한 사랑으로 여겼습니다. 반면에 육체적 사랑은 파멸을 부르거나 저급한 사랑으로 봤지요. 중세시대에는 종교적인 영향으로 정신적 사랑을 중요하게 여겼으니까요. 현대에 와서 육체적 사랑과 정신적 사랑의 결합은 자연스러워졌습니다. 정신적 사랑이 없는 육체적 사랑은 오래 갈 수 없습니다. 사랑은 단순히 호르몬 분비로 설명할 수 있는 게 아니니까요.

어떤 사람에게 매력을 느끼나요?

여러분은 어떤 사람과 사랑을 하고 싶나요? 연예인처럼 외모가 멋진 사람인가요?

많은 사람들이 사랑을 할 때 상대의 외모가 무엇보다 중요하다고 농담처럼 이야기합니다. 남성들은 예쁘고 날씬한 여성을 좋아하지요. 요즘은 여성들도 귀엽고 섹시한 남성이 좋다고 말합니다. 물론 키도 커야 하고요. 이처럼 여성이 남성의 외모를 중요한 조건으로 꼽는 것은 전보다 사회적으로 여성의 힘이 많이 커졌다는 것을 의미합니다. 과거에 남성에게 중요한 것은 외모보다는 능력이었으니까요. 여성은 독립적인 경제력과 사회적 지위를 갖기 어려웠기 때문에 남성의 능력에 의존했어요.

결혼을 할 때 여성의 외모와 젊음은 남성의 사회적 지위나 능력과 교환되었습니다. 지금은 여성들도 사회에서 경제적으로 자립할 수 있기 때문에 남성의 능력에 덜 의존합니다. 그래서 일방적이고, 강한 남성보다는 대화나 의논이 가능하고, 부드러운 남성이 인기가 많아지고 있지요. 물론, 남성과 여성 모두 외모를 과도하게 보는 문제점도 있습니다.

우리 주변에 친구들을 한번 떠올려 볼까요, 어떻게 생겼나요? 다 다르게 생겼지요. 얼굴도, 몸도, 성격도 사람마다 다릅니다. 키가 작은 사람, 안경을 쓴 사람, 마른 사람, 통통한 사람, 뚱뚱한 사람, 다리가 불편한 사람, 귀가 안 들

리는 사람, 장난꾸러기, 엉뚱한 사람, 진지한 사람, 느린 사람……. 처음엔 모두 낯선 모습이었지요. 하지만 자꾸 보니까 이제는 그 친구의 마음과 행동이 생각나고, 정이 들어 매력적으로 보이지 않던가요?

〈예쁘지 않은 꽃은 없다(이창희 시, 백창우 곡)〉의 노래 말처럼, 세상에 예쁘지 않은 꽃은 없습니다. 꽃뿐 아니라 사람도 마찬가지예요. 예쁘지 않은 사람은 없습니다. 시인 나태주도 시 〈풀꽃〉에서 '자세히 그리고 오래 보면 누구나 사랑스럽다'고 말했습니다. 천천히 자세히 보면 아름답지 않은 것이 없습니다. 지혜로운 사람은 평범한 것에서 아름다움과 사랑을 느낄 수 있지요. 그래서 사랑은 지혜에 이르는 길이기도 합니다.

여러분도 사랑을 해 본 경험이 있을 겁니다. 사랑은 누군가의 매력을 발견하는 과정입니다. 첫눈에 반할 수도 있고, 시간을 두고 매력을 느낄 수도 있지요. 외모가 아니라 성격이 좋아서, 말이 잘 통해서 좋아할 수도 있습니다. 나와의 공통점이 많아서 좋기도 하지만, 너무 달라서 특별하게 느껴지기도 하지요. 사랑은 특별한 친밀함을 갖는 관계에서 일어나는 작용입니다. 진정한 사랑과 매력은 서로를 배려하는 말과 행동, 생각에서 나오니까요. 사랑이란 각자가 가진 그 아름다움을 발견하고 경험하는 과정이니까요.

아름다움과 매력은 상대적인 것입니다. 몇 가지 예를 들어보겠습니다.

종교학자 김현경은 예쁘다는 소리를 듣고 자란 적이 없었다고 해요. 그런데 성인이 되어 외국에 나가자, 서양인들은 늘 그녀에게 아름답다는 찬사를 늘어놓았다고 합니다. 처음에는 당황해서 놀리는 줄 알았다고 해요. 하지만 그들은 그녀에게 동양인의 매력을 칭찬했습니다. 우리에게 동그랗고 노란 얼굴과 긴 눈은 흔한 모습이지만 서양에서는 동양인의 모습이 낯설지요. 서양인들이 그녀의 외모를 칭찬한 이유는 흔하지 않은 외모가 더 아름답고 소중하게 여겨졌기 때문입니다. 이처럼 외모에 대한 평가는 상대적입니다.

지금 우리 사회는 날씬한 몸을 선호하고 많은 사람들이 날씬한 몸을 갖기 위해 다이어트를 합니다. 하지만 경제적으로 어려운 나라에서는 풍만한 사람이 아름다운 사람입니다. 먹고살기도 힘든데 살이 찐 모습은 경제적인 여유가 있음을 나타내니까 부러움의 대상이 됩니다. 북한에서도 매력적인 사람은 통통하게 살집이 있는 사람들입니다. 우리나라에서도 한국전쟁 후에는 살집이 있는 사람을 후덕하다고 좋아했었지요.

아름다움과 외모의 기준은 늘 상대적입니다. 사회마다 시대마다 기준이 달랐지요. 무엇보다 외모만으로 아름다움과 매력을 말할 수는 없습니다. 우리는 사람들 안에서 다양한 매력을 느끼고 감동을 받으니까요.

동성을 사랑할 수 있나요?

"남자친구 있어?", "여자친구 있어?"

이렇게 이성 친구가 있느냐는 질문은 애인이 있는지 묻는 것입니다. 남성이 여성을 사랑하고, 여성이 남성을 사랑하는 것은 당연한 것 같습니다. 하지만 동성을 사랑하는 동성애자나 성과 상관없이 사랑하는 양성애자도 있습니다. 사랑에 관심이 없는 무성애자와 인류 모두를 평등하게 사랑하는 사람도 있습니다.

'성적 지향'이란 어떤 성에 지속적으로 끌리는 것을 말합니다. 성적 지향에 따라 성 정체성은 다양해집니다. 성소수자를 상징하는 무지개처럼 사람들은 다양한 성 정체성을 가졌지요.

이성애자가 다수라면 동성애자나 양성애자, 무성애자, 트랜스젠더 등은 소수자들입니다. 소수자는 수가 적다는 뜻이지만, 사회적 힘이 약하다는 의미로도 쓰입니다. 이성애가 일반적이라면, 성소수자는 일반적이지 않다는 뜻에서 '이반' 또는 '퀴어(qeer)'라고도 부릅니다.

퀴어는 영어로 '이상한, 기묘한, 독특한'이란 뜻이 있습니다. 한때 미국에서는 동성애에 대한 혐오의 뜻을 담아 욕처럼 쓰였다고 합니다. 하지만 동성애자들은 '퀴어'라는 뜻을 기꺼이 받아들였지요. 혐오의 말에 자긍심을 담아 '그래 나 이상해, 독특해'라고 새롭게 해석했습니다. 동성애자와 트랜스젠더 등 다양한 성소수자들이 매년 여는 축제를 '퀴어 페스티발'이라고 할 정도지요.

동성애자 중에서도 여자가 여자를 사랑하면 레즈비언이라고 부릅니다. 레즈비언이란 단어는 다음의 일화에서 유래되었습니다.

기원전 7세기경 그리스의 시인 사포는 남편과 사별하고 고향인 레스보아 섬에 돌아왔습니다. 사포는 레스보아 섬에 여성들이 다닐 수 있는 예술학교를 세웠습니다. 여성들이 다닐 수 있는 유일한 학교였지요. 사포의 시와 소설에는 여성들끼리의 사랑이 많이 등장했지요. 그래서 후대에 사람들은 여성 동성애자를 레스보아 사람들이라는 뜻의 레즈비언이라고 불렀습니다.

남성이 남성을 사랑하면 게이라고 부릅니다. 고대 그리스에서는 성인 남성과 소년의 동성연애는 흔한 일이었습니다.

고대사회와 달리 종교제도가 발전하면서 오랜 시간동안 성은 금기시됐습니다. 성은 자녀를 낳기 위한 수단으로만 여겼지요. 또 자녀를 낳지 않는 동성애는 자연을 거스른다며 비판받았습니다.

하지만 모든 사람이 자녀를 낳기 위한 목적만으로 사랑을 하고 성생활을 하지는 않습니다. 펭귄, 타조, 고릴라 등 동물들 사이에서도 동성애는 흔하게 나타납니다.

사회가 비민주적이고, 억압적일수록 소수자에 대한 탄압은 커집니다. 독일의 나치는 유태인뿐 아니라 동성애자나 장애인도 수용소에 가두고 죽였습니다. 동성애자나 장애인은 독일인의 우수성을 증명하는 데 도움이 되지 않았으니까요.

동성애의 원인은 밝혀지지 않았습니다. 타고난 것이라고도 하고, 후천적인 것이라고 합니다. 동성애는 사춘기 때 잠깐 경험하는 것이라고도 생각하기 쉽습니다. 하지만 성인이 되고 나서 동성애자가 되는 경우도 있습니다. 또 어릴 때부터 확실히 동성을 좋아하는 경우도 있지요.

한때 동성애는 정신질환으로 분류되었습니다. 하지만 정신과 치료로 고칠 수 있다는 가설은 아무런 성과를 거둘 수 없었지요. 결국 동성애는 정신과 병명에서 삭제됐습니다.

우리나라는 동성애자에 대한 차별과 낙인이 심한 편입니다. 이런 편견 때문에 자신이 동성애자라는 사실을 가족에게도 비밀로 하는 경우가 많습니다. 동성애자라는 이유로 학교와 직장에서 폭력을 당하거나 쫓겨나기도 하지요. 자신의 성 정체성을 고민하다 삶의 의미를 잃고 방황하기도 합니다. 일부러 어렵고 힘든 길을 가려는 사람은 흔치 않습니다. 동성애자를 비롯해 성소수자들도 마찬가지고요.

본인이 원하지 않는데 다른 사람에 의해서 동성애자임이 알려지는 것을 '아우팅 당했다'고 합니다. 방송인 홍석천은 언론을 통해 동성애자라는 사실이 알려지자 하던 일들을 중단하게 됐습니다. 10여 년이 지나서야 방송에 복귀할 수 있었지요.

반면 스스로 자신이 동성애자라고 성 정체성을 밝히는 경우를 커밍아웃이라고 합니다. 여성 정치인 김현숙이나 애플의 대표 팀쿡 등이 있지요. 성소수자들이 커밍아웃을 하는 이유는 성소수자에 대한 차별과 편견을 줄이려는 목적도 있습니다.

누군가의 매력을 발견하고 사랑한다는 것은 아름다운 일입니다. 하지만 그 아름다운 일이 익숙하지 않다고 해서 비난을 받는다면 슬픈 일입니다.

우리는 대부분 이성애에 익숙합니다. 이성애만 정상이라고 생각할 수 있지요. 하지만 이제 다양한 성적 지향이 존재한다는 것도 알게 됐습니다. 우리에게 다른 사람의 사랑을 정상과 비정상으로 나눌 권리는 없습니다. 사랑에 성적 지향과 성 정체성, 신분과 나이, 국적 같은 구분이 의미가 있을까요?

사랑하는 사람과 무엇을 하고 싶나요?

데이트!

많은 사람들이 사랑하는 사람과 낭만적이고 즐거운 시간을 보내고 싶어 합니다. 하지만 여성과 남성은 '함께 보내는 시간'에 대한 의미가 다릅니다.

남성들은 같은 공간에서 무엇인가를 함께 하는 것을 좋아합니다. 영화를 볼 수도 있고, 낚시를 할 수도 있습니다. 각기 다른 일을 하더라도 같은 공간에 있는 것도 의미를 갖습니다. 한 집에서 각자 게임을 하거나 운동경기를 보거나 독서나 음악 등을 하는 것이지요. 또 많은 남성들은 가족을 위해 일을 하고, 물질적으로 지원하는 것도 사랑이라고 설명합니다.

물론 여성들도 함께 영화를 보거나 산책을 하는 것을 좋아합니다. 하지만 대다수의 여성들은 무엇보다 충분히 대화 나누기를 원합니다. 자기 기분과 감정, 그동안 있었던 일들을 나누고 싶어 합니다. 서로 대화를 나누면서 맞장구치고, 공감받기를 원하지요.

남성들은 여성의 이야기를 들으면서 해결책을 제시하려고 합니다. 이런 남성들의 가르치려는 태도를 좋아하는 여성은 그리 많지 않습니다. 남성들은 문제해결에 관심을 보이지 않는 여성들의 이야기를 수다로만 생각합니다. 공감의 필요성을 이해하지 못하기 때문이지요. 그럼에도 불구하고 여성과 남성이 서로 말이 잘 통한다면 정말 행운입니다. 많은 사람들의 연애조건에는 서로 대화가 잘 통하는 사람이 꼭 들어가 있어요.

심리학자 게리 체프먼은 사랑하는 사람끼리 나누는 언어와 행동을 더 세밀하게 연구했습니다. 사람들이 주로 사용하는 사랑법은 다섯 가지가 있다고 합니다.

첫째, 사랑하는 사람이 원하는 일을 해 주는 것이지요. 돈을 버는 것도, 요리를 하는 것도 사랑하는 사람을 위해서 할 수 있습니다. 둘째, 사랑하는 사람이 좋아할 만한 것을 선물하는 것도 애정을 표현하는 방법입니다. 연인에게 필요한 물건이나, 꽃이나 반지, 정성이 들어간 수제품이 등 다양하지요. 셋째, 사랑하는 사람과의 대화도 중요한 사랑의 방법입니다. 대화를 통해 서로를 이해하고 격려할 수 있으니까요. 넷째, 같이 시간을 보내는 것도 많은 사람들이 즐기는 사랑법입니다. 물론 사람마다 시간을 함께 보내는 방식은 다르겠지요. 다섯째, 손을 잡거나 키스나 포옹 같은 육체적 접촉도 사랑의 언어지요.

나와 친구들, 가족이 주로 쓰는 사랑의 표현 방법을 살펴보세요. 사람마다 사랑을 표현하는 방식이 다릅니다. 나만의 방식에 익숙하다 보면 상대의 사랑법이 잘 보이지 않습니다. 상대방이 무엇을 원하는지 잘 모르겠다면 직접 물어 보세요. 말을 하면 고민하는 시간이 줄고 이해할 가능성은 더 높아지지요. 데이트에 대한 계획도 같이 짜면 재미있겠지요?

연애에 대한 Q&A

Q 좋아하는 사람이 생기면
먼저 고백할 수 있나요?

A

여러분은 고백은 남성이 해야 한다고 생각하나요? 좋아한다는 고백은 누구에게나 쉽지 않은 일이지요. 가슴 떨리고, 말하지 못하면 답답하지만 용기 내기는 쉽지 않지요. 거절당할 수도 있으니 더 조심스럽지요. 남성도 고백하는 일은 어렵습니다. 누가 먼저 용기를 낸다면 고민하는 시간이 줄지 않을까요? 만약 여성이 먼저 고백해서 싫다고 하는 남성이라면 연애하는 내내 힘들 수 있습니다. 무엇이든지 남성이 주도해야 한다는 생각이 있을 수 있으니까요. 누군가의 의견을 일방적으로 따라야 하는 연애는 힘이 들고 기운이 빠집니다.

좋아합니다!

Q 고백했는데 거절당했어요. 다음에 다시 고백하려고요. 열 번 찍어 안 넘어가는 나무 없다고 하잖아요.

A

사랑은 타이밍이라고 말하기도 합니다. 둘이 동시에 매력을 느끼면 좋지만, 그렇지 않을 수도 있지요. 누군가의 관심 자체가 부담스러울 수도 있어요. 사랑 대신 우정으로 관계를 지속할 수 있다면 다행이기도 합니다. 좋아하는 마음을 조절하는 것은 상당히 어려운 일이지만 원하지 않는 과도한 관심과 애정이 상대방을 괴롭히는 결과가 될 수도 있으니까 꼭 필요한 일입니다. 일방적으로 쫓아다니는 스토킹이 될 수도 있습니다. 기다리다 보면, 언젠가 기회가 올 수도 있지요. 하지만 상대방이 내 마음을 받아 줄 준비가 안 됐다면 마음을 접는 것도 방법입니다. 이 사람이 아니면 절대 안 되는 사랑은 없습니다. 사랑은 움직이니까요.

Q 데이트 비용은 남성이
내야 하나요?

A

각자 자기 몫의 비용을 내는 더치페이가 자리를 잡아가고 있습니다. 과거에 데이트 비용은 남성이 내는 경우가 많았습니다. 여성은 자기만의 소득을 갖기 어려웠으니까요. 그 당시에는 남성이 데이트 비용을 내는 게 당연했을 수 있습니다. 지금은 경제적으로 특별히 어려운 상황이 아니라면 나누어 내는 습관을 들이는 게 좋습니다. 누군가에게 물질적으로 의존하면 마음을 솔직히 표현하기 어려운 경우가 생길 수도 있습니다. 또 데이트 비용을 부담하면서 자기 마음대로 해도 된다는 착각을 하는 사람도 있으니까요. 친하고 특별한 사이일수록 서로 배려하고 예의를 지켜야겠지요.

Q 스킨십은 남성이 주도해야 하나요?

A

누가 주도하느냐는 중요하지 않습니다. 서로 원하는 것이 무엇인지 이야기 나누는 것이 필요하지요. 서로의 욕구가 다를 수도 있으니까요. 손을 잡건, 키스를 하건 먼저 물어보는 것이 좋지요. 마음의 준비가 안 된 경우도 있으니까요. 눈빛만 보고, 서로의 마음을 알 수 있을까요? 주관적인 느낌이라 오해를 불러일으키기도 합니다. 친밀한 사이라고 해도 내가 싫을 때는 거절할 수 있어야지요. 서로의 준비 정도, 기분에 따라 맞춰 가는 것이 필요합니다. 성에 대해서도 함께 공부하고 아는 정보를 나누는 것이 도움이 되지요.

Q 사랑을 잘하려면
어떻게 해야 하나요?

A

연애서적이나 드라마에서는 밀당(밀기와 당기기)을 잘해야 연애를 잘할 수 있다고 말합니다. 여자와 남자 사이의 힘겨루기를 말하는 밀당은 이제 너무나 당연한 연애기술이 됐습니다. 밀당 기술에 따르면 여성의 적극적인 표현을 남성이 싫어한다는 조언을 합니다. 여성은 기다리고, 인내하고, 지혜로워야 한다고 충고합니다. 성인의 경지라 할 수 있겠네요.

관계에서 힘을 갖기 위한 심리전이 중요할까요, 솔직히 마음을 이야기할 수 있는 관계가 중요할까요? 사회학자 기든스는 '사랑은 솔직하고 동등한 대화 속에서 협상을 하는 개인 간의 혁명적 사건'이라고 말했습니다. 솔직함이 전제된 협상은 밀당과 다릅니다. 솔직하고 동등한 대화가 최상의 협상을 만들겠지요. 서로가 원하는 것을 맞춰 나가는 과정이니까요. 평등한 사랑은 민주주의와 닮았습니다.

5장

여성과 남성의 성욕이
다른가요?

성적인 욕구는 자연스러운 것인가요?

좋아하는 사람이 생기면, 그 사람에 대해서 더 알고 싶어집니다. 같이 있고 싶고, 같이 하고 싶은 일도 많아집니다. 만나서 무엇을 할까? 데이트에 대한 공상도 하지요. 좋아하는 사람이라면 손도 잡고, 키스도 하고, 안고 싶습니다. 성적인 욕구도 생기지요.

성욕은 사랑하는 사람이 있을 때만 생기는 것은 아닙니다. 사춘기가 되면 특별히 좋아하는 사람이 없어도 성적인 욕구와 호기심이 커집니다. 성욕은 인간의 기본적인 욕구니까요. 청소년이 성에 대해 관심을 갖는 것은 자연스럽습니다.

'성'은 사랑하는 사람끼리 친밀감을 높이고, 즐거움과 안정감을 줍니다. 또 출생의 신비와도 연결됩니다. 대부분의 사람들은 여성과 남성의 성관계를 통해서 태어났으니까요.

병원에서 인공 수정으로 태어난 예외의 경우가 아니라면 말이지요. 그럼에도 불구하고 우리는 성에 대해서 이야기 하길 부끄러워합니다.

오랜 시간 동안 동서양의 종교와 정치제도는 금욕적인 사회를 지향했습니다. 그럼에도 남성의 성욕은 제어가 불가능한 것으로 여겼지요. 남성들의 성경험은 경제적, 사회적 능력을 보여 주는 것이기도 했습니다. 모두에게 연애 기회가 많이 주어지는 것은 아니었으니까요.

반면에 여성은 성경험과 성에 대한 관심 정도에 따라 성녀와 마녀로 구분됐지요. 성경험이 없는 여성은 성경 속 예수의 어머니 마리아가 대표적입니다. 마리아처럼 성과 무관한 여성은 존중받았습니다. 반면 성경험이 있는 여성은 정숙하지 못한 여성으로 낙인찍히기도 했습니다. 모든 어머니는 성경험이 있는데도 불구하고 말입니다.

자연재해와 질병 등의 재난도 악마와 성교한 여성 때문이라는 말도 안 되는 주장도 등장했습니다. 이런 식으로 유럽에서 900만 명의 여성이 마녀로 몰려 지독한 고문을 거쳐 죽어 갔습니다. 주로 혼자 살면서 민간의료 지식이 많은 가난한 여성들이었죠.

심리학의 아버지로 불리는 프로이드는 성욕을 삶의 에너

지로 보았습니다. 하지만 그도 여성의 성욕은 신경증의 원인으로 파악했지요. 성욕에 대한 억압과 폭력이 여성에게 신경증을 유발했을 가능성을 염두에 두지 않았습니다.

여성과 남성의 성에 대한 관심과 욕구가 다르지 않다는 연구결과를 보여 준 킨제이 보고서는 사람들에게 충격을 주었습니다.

아기들은 손으로 자신의 몸과 주변의 사물을 만지고 느낍니다. 촉각을 통해서 세상을 배우지요. 자신의 성기도 예외는 아닙니다. 아기들도 성기를 만지면 기분이 좋다는 것을 느낍니다. 어린이의 성적 탐색은 어른의 제지로 오래가지 않습니다. 청소년이 되면 자신의 몸을 적극적으로 탐구하면서 자위를 시작하기도 합니다. 남성뿐 아니라 여성도 자위를 합니다.

성기뿐 아니라 내 몸의 여러 곳을 만져 보세요. 몸에서 긴장하고 있는 곳은 어디인지, 만지면 어떤 기분이 드는지 관찰해 보세요. 목욕 후 로션이나 오일을 바르면서 몸의 감촉을 느껴볼 수 있지요. 자기 몸의 느낌을 알고 다룰 줄 알아야 애인에 대해서도 배려할 수 있습니다.

사람에 따라 성에 대한 호기심이 없을 수도 있습니다. 청소년 시기에 자위를 시작한다고 해서 누구나 꼭 해야 하는

것은 아닙니다. 자위를 하는 게 비도덕적인 것도 아니고, 자위를 안 하는 게 비정상도 아니지요. 세상에 자위 말고도 만족을 주는 것은 많으니까요. 샤워나 음악듣기, 독서나 운동을 하면서 마음의 여유와 편안함을 느낄 수도 있습니다.

사람마다 첫 성경험의 시기는 다릅니다. 청소년기에도 가능하고 성인이 된 후나 결혼을 하고 난 이후인 경우도 있습니다. 흔히 성인이 되면 자유로운 성생활을 할 수 있을 거라 생각합니다. 하지만 사람에 따라 성생활을 하지 않는 경우도 있습니다. 성에 관심이 없는 무성애자도 있고, 너무 바쁘거나 애인이 없을 수도 있지요.

할머니와 할아버지들도 성욕이 있을까요? 노인이 된다고 해서 성에 무관심해지는 것은 아닙니다. 할머니, 할아버지도 사랑을 나눕니다. 손을 잡고, 키스하고, 성관계를 가질 수 있습니다. 몸을 만지는 것만으로도 건강에 큰 도움이 됩니다. 애정을 느끼기 때문이지요.

너무 약하게 태어나 중환자실에 있던 아기들도 부모나 간호사가 안아 준 경우 생존율이 훨씬 높아졌습니다. 반대로 건강하게 태어났지만, 엄마와 접촉을 하지 못한 원숭이는 건강하게 살지 못했다는 실험도 있습니다. 이처럼 서로 살을 맞댄다는 것은 커다란 친밀감과 만족, 안정감을 주는 행동입니다. 애정을 바탕으로 한 성행동은 사람이 건강하게 살아갈 수 있도록 몸과 마음의 힘을 길러 줍니다.

성적 자기결정권이란 무엇인가요?

내 몸의 주인은 누구냐고 물으면, 엄마라고 대답하는 초등학생들이 꽤 있습니다. 아무리 생각해도 자신이 삶의 주인 같지 않기 때문이지요. 부모님이 많은 걸 결정하고 안내하니까요.

사춘기가 되면 자기주장이 조금씩 더 생깁니다. 어떤 친구와 가깝게 지낼지, 무슨 옷을 입을지, 내 시간을 어떻게 쓸지 말이지요. 자신에 대한 결정을 스스로 할수록 자기만족과 성취감도 높아지고 행복할 수 있습니다.

부모님이나 선생님은 경험과 지식이 많아서 내게 도움이 되는 안내를 해 줄 수도 있습니다. 하지만 어른들이 좋다는 것에는 어른들의 생각과 가치관이 들어 있습니다. 그래서인지 어른들은 사랑과 관심이란 이름으로 때로는 자신들이 원하는 삶을 강요하기도 합니다. 하지만 아무리 가까운 사이라고 해도 내 마음을 척척 알아서 대신 살펴줄 수는 없습니다. 나를 가장 잘 아는 사람은 결국 자기 자신이 니까요.

성적 자기결정권이란 나를 어떻게 꾸밀지, 내가 어떤 성역할을 할지, 나를 어떤 성으로 생각하는지, 누구를 사랑할지, 어떤 성행동을 할지, 혹은 하지 않을지 등을 스스로 결정하는 것을 뜻합니다.

우리나라의 최고 법인 헌법은 인간은 누구나 행복할 권리가 있다고 말합니다. 또 인간으로서 존중받을 기본적인 권리가 있다는 것을 보장합니다. 자신의 몸과 성에 대해서 스스로 결정할 수 있는 성적 자기결정권도 행복할 권리에 포함됩니다. 누구나 자유롭게 자신을 위해서 성과 관련된 선택을 하고 결정할 수 있습니다.

기존의 성역할을 받아들일지 말지도 개인이 선택합니다. 남성과 여성에게 기대되는 전통적인 성역할을 거부할 수도 있지요. 여성 같은 남성, 남성 같은 여성으로 살 수도 있습니다. 앞서 보았던 토마스 비티처럼 여자로 태어났지만, 남성의 삶을 선택할 수도 있습니다. 방송인 하리수처럼 남성으로 태어났지만, 여성의 삶을 선택할 수도 있지요.

성역할에 대한 편견과 강제가 많은 사회에서 성소수자로 사는 삶을 선택하기는 어렵습니다. 물론 성 정체성은 선택입니다. 하지만 당사자들에게는 사랑에 빠지는 것처럼 선택이기보다는 운명처럼 느껴집니다. 타고난 성향대로 살고 싶기 때문이지요.

연애를 할 때도 성적 결정권은 중요합니다. 쑥스럽더라도 성과 관련해서 말할 수 있다면 연애가 더 즐거워질 수 있으니까요.

성적인 접촉과 관련해서는 세심한 접근이 필요합니다. 특히 여성들은 성에 대한 순수와 열정이라는 이분법 사이에서 갈등하기 쉽습니다. 또 남성의 욕구를 수동적으로 들어줘야만 한다는 고정관념과도 담판을 지어야겠지요.

서로의 욕구가 다를 때 어떻게 결정할지 의논하는 것은 무척 중요합니다. 내가 원하는 것을 제대로 말하는 것도 시간과 연습이 필요합니다. 사람마다 원하는 애정 표현은 다릅니다. 나는 손만 잡고 싶은데 애인은 키스를 하고 싶어할 수도 있지요. 나는 포옹하고 싶은데 애인은 원하지 않을수도 있습니다. 이럴 때 한 사람이 원하는 대로만 한다면 불편한 마음이 생기겠지요. 키스를 하려다가 갑자기 마음이 바뀔 수도 있습니다. 싫다고 말하면 멈출 수 있어야 합니다. 너무 서두르다가 그동안 쌓아온 신뢰가 깨질 수도 있습니다. 서로의 의사를 존중하는 것은 연인뿐만이 아니라

모든 사람 사이에서도 꼭 필요한 최소한의 예의지요.

성, 무엇으로 배우나요?

성교육의 필요성은 나날이 높아지고 있습니다.

성산업의 발달과 험악해지는 성범죄 때문이기도 하지요. 연예인들의 춤과 광고는 성행동을 묘사한 경우가 많습니다. 또 성폭력 사건이 자주 보도되면서 또래 간의 성폭력이나 성희롱의 예방도 중요해졌습니다.

인간의 자연스러운 욕구로서의 성보다는 성폭력 사건과 예방에 관심이 집중되어 있지요. 한국여성민우회는 성교육에서 '안전한 성' 못지않게, '즐거운 성'과 '당당한 성'을 강조하고 있습니다. 우리 문화는 아직 성의 즐거움을 당당하게 이야기하지 못합니다.

학교에서 배우는 성교육은 1년에 한 번 정도 행사처럼 치러집니다. 학교에서 실시되는 성교육의 주제는 임신과 출산, 성병과 낙태입니다. 10년 전에도, 20년 전과 비교해 봐도 다르지 않습니다. 여학생만 모아 놓고 하던 교육에서 남학생까지 대상을 확대한 것은 그나마 크게 바뀐 것이죠.

남학생들에게 성교육을 시키지 않았던 이유는 무엇일까요? 임신과 출산, 성병 등이 남성과 크게 관련이 없다고 보았기 때문이지요. 여성들만 미리 알아서 조심해야 할 문제로 여겼습니다. 또 남성들은 성에 대해서 잘 알고 있다고 생각했지요. 가부장적인 사회에서 남성의 성은 대체로 자유로웠습니다. 친구들과 성에 관한 정보와 경험을 나누는 것도 익숙합니다. 하지만 남성들이 가지고 있는 성에 대한 지식은 포르노로 인한 편견이 큽니다.

여러분은 어떤 성교육을 원하세요? 한 조사에 따르면 청소년들은 연애와 성행동에 대해서 배우고 싶어 한다고 합니다. 그렇다면 연애와 성행동은 어디서 배울 수 있을까요?

실제 청소년들은 영화와 드라마를 통해서 사랑과 연애를 배웁니다. 성행동은 포르노(야동), 야한 소설, 야한 만화, 음담패설 등으로 배우지요. 포르노는 범죄지만 재미있는 취미처럼 가볍게 생각합니다.

영화나 드라마 속 주인공들도 고정된 성역할을 보여 주는 경우가 많습니다. 주로 부잣집 출신 남성과 가난한 집 출신 여성의 낭만적 사랑을 그리지요. 남성은 여성을 만나 개과천선하고, 여성은 남성을 만나 신분상승을 한다는 구성은 에로스의 신화와 닮았습니다.

포르노나 야동으로 성행동을 배우는 건 어떨까요? 대부분의 아이들이 포르노와 몰카에 대해 심각하게 생각하지 않습니다. 호기심이나 재미로 본 것을 친구에게 권하기도 합니다. 하지만 포르노와 몰카는 여성과 아동에 대한 성폭력을 주로 담고 있습니다. 심지어 여성들은 성폭력과 같은 강제적 성관계를 좋아한다는 오해를 만들기도 하지요. 또 현실과 달리 성기에 화장을 하고, 크게 보이려고 과장합니다. 실제와 달리 성관계 시간도 길게 만들지요.

포르노를 본다고 해서 반드시 성폭력을 저지르거나 폭력적인 성향을 갖는 것은 아닙니다. 하지만 자주 보면 익숙해지고, 가치관과 언어, 행동에 영향을 줄 수 있지요. 별생각 없이 따라해 보고 싶은 충동도 생길 수 있습니다. 폭력적인 성을 소비하는 문화가 바뀌어야 성폭력이 줄어들 수 있습니다.

유럽에서는 초등학교 1학년부터 고등학교를 졸업할 때까지 매주 1시간씩 성교육을 받습니다. 학교의 정규 교과목으로 말이죠. 성상담을 받을 수 있는 담당의사 제도도 있습니다. 네덜란드에서는 정기적인 성교육으로 청소년의 첫 성경험 나이가 늦춰졌습니다. 충분히 알고 준비한 성경험이지요. 또 학생들의 출산율도 낮아졌다고 합니다. 즐거운 성

은 당당함과 안전함이 함께 해야 가능합니다.

여러분도 돈벌이가 된 정보 속에서 유익한 정보를 찾을 수 있는 안목이 필요합니다. 학교나 소모임을 통해서 여성 단체에서 진행하는 열린 성교육을 신청해 보세요. 최근에는 성교육과 관련된 좋은 책들이 출판되기도 합니다. 또 외국의 성교육 영상을 유튜브 등을 통해 볼 수도 있습니다. 성에 대한 공부와 습관은 평생의 성생활과 태도에 영향을 미칠 정도로 중요합니다. 폭력적인 습관은 하루 빨리 고치는 게 좋습니다.

성폭력은 왜 일어나는 걸까요?

우리나라는 1990년대에 들어 처음으로 성폭력 실태조사를 했습니다. 실제 성폭력 사건이 일어나도 신고하는 비율은 전체 사건의 10%도 되지 않습니다. 하지만 신고된 것만 보아도 우리나라의 성폭력 발생 수치는 높은 편입니다.

여성단체에서 운영하는 성폭력 상담소에 접수되는 상담 내용을 보면 피해자는 여성이, 가해자는 남성이 많습니다. 물론 남성 피해자도 있습니다. 남성들 사이에서도, 여성들 사이에서도 성폭력이 일어납니다.

보다 가벼운 성추행은 모르는 사람에 의한 비율이 높습니다. 하지만 대부분의 성폭력은 평소에 알던 사람에 의해서 일어납니다. 성폭력은 74.6%가 아는 사람에 의해서 일어납니다. 가족이나 이웃, 직장이나 선후배 사이지요. 성폭력 피해의 30~40%가 아동 청소년 시기에 처음 발생됩니다. 이런 피해는 지속적이고 반복적으로 나타납니다. 지속적인 가해는 친부와 의부의 경우가 가장 높습니다. 부부와 애인 사이에서도 성폭력이 발생할 수 있습니다. 우리나라에서는 데이트 폭력으로 3일에 한 명씩 여성들이 죽습니다. 일 년에 100여 명이 넘는 숫자입니다. 가해자의 나이는 20대부터 50대까지 다양하고 가해자의 나이는 점점 낮아지고 있지요.

요즘에는 인터넷을 통한 범죄도 많아지고 있습니다. 당사자 몰래 사진을 찍어서 유통시키거나, 청소년에게 선물을 주겠다며 유인해서 자신의 몸을 찍어서 보내라고도 합니다. 여성에게 성폭력 범죄를 저지른 사진과 동영상을 버젓이 올리는 범죄 사이트도 있었습니다.

성폭력은 도대체 왜 일어날까요? 일부 사람들은 남성들의 성욕은 억제할 수 없어서 발생한다고 말합니다. 남성들의 성욕은 억제할 수 없는 것일까요, 억제하지 않는 것일까요? 인간의 기본적인 욕구인 식욕은 누구나 가지고 있지만, 밥을 먹기 위해서 폭력을 쓰지 않습니다. 밥을 먹기 위해서 돈을 벌고, 밥하는 법을 배우지요. 성욕도 마찬가지입니다. 성욕을 해결할 수 있는 방법으로 자위나 연애가 있습니다. 자위는 혼자서 가능하지만, 연애를 위해서는 노력이 필요합니다. 성폭력은 성욕 때문이 아니라 폭력에 대한 욕구 때문에 발생합니다. 최근의 성폭력 연구자들은 '가해자들이 자신의 억제된 분노를 자신보다 힘이 약한 여자나 어린이에게 폭력적으로 푸는 것'이라고 발표했습니다.

반면에 언론은 여전히 성폭력 사건의 원인을 여성들의 야한 옷차림 때문인 것처럼 보도합니다. 성폭력 피해자의 대다수가 미성년자라는 점을 생각해 본다면 원인을 잘못 분석한 것이지요. 또 노출이 심한 여름에 성폭력이 더 많이 일어나는 것도 아닙니다.

어떤 이유로든 성폭력을 당해도 되는 사람은 없습니다. 성폭력 사건이 발생하면 우리는 피해자와 공감하기보다는 왜 그 장소에 가서, 그런 사람을 만났는지 물으며 피해자의 잘못을 찾으려고 합니다. 피해자가 저항하면 성폭력을 당하지 않는다는 말도 하지요. 이런 상황에서 피해자는 목숨

을 내놓고 성폭력에 끝까지 저항해야 할까요, 폭력을 최소화하는 것이 필요할까요? 여성의 순결과 정조를 중요하게 생각하는 사회일수록 피해자에게 필사적으로 저항했는지 묻습니다.

폭력에 대한 공포로 피해자는 무력한 상태에 빠지기 쉽습니다. 물론 성폭력 사건은 피해자의 잘못으로 생긴 일도 아니지요. 우연한 사고입니다. 이미 일어난 일이라면 피해를 최소화하는 것이 현명하지요. 더 이상 성폭력을 목숨과 바꿀 만큼 절박한 사건으로 만들면 안 됩니다.

주변에서 성폭력 사건이 발생할 때 우리는 모르는 척 방관자가 되기도 합니다. 가족 안에서 성폭력 사건이 발생할 경우도 마찬가지입니다. 주변에서 피해자를 도와주지 않는다면 피해자는 더 절망할 수밖에 없습니다. 성폭력 사건에서 주변 사람들은 제3자가 아닙니다. 주변 사람들도 또 다른 피해자입니다. 주변에서 함께 한다면 문제해결에 큰 힘이 될 수 있습니다. 내 주변의 폭력에 침묵한다면, 또 다른 피해자는 계속 생기겠지요. 성폭력은 가해자 한 명을 처벌하면 되는 문제가 아닙니다. 폭력적인 성문화가 변하지 않는다면 다른 피해자는 또 생길 수 있으니까요.

수많은 고전과 신화의 주인공은 청소년입니다. 춘향이와 이몽룡은 이팔청
춘에 사랑을 나누었어요. 지금으로 보면 열여섯 살입니다. 당시에 열여섯
은 어린 나이가 아니었습니다. 서양의 대표 커플인 로미오와 줄리엣은 어
떤가요? 줄리엣은 열네 살 생일을 앞두고 로미오를 만났지요. 그들의 사랑
은 비극으로 끝났지만, 원수 같던 두 집안을 화해시켰습니다.

오스트리아의 빌헬름 라이히(1897~1957)는 정신의학자이자, 최초의 성
과학자입니다. 빌헬름은 성해방이 평화로운 사회를 만들 수 있다고 주장
했습니다. 행복하고 만족스러운 사람은 다른 사람을 덜 억압한다는 것이
지요. 어릴 때부터 자유롭게 성을 경험하는 사람은 약탈과 억압에 저항할
수 있다고 생각했지요. 그의 사상은 친구인 알렉산더 닐(1883~1973)이 세
운 서머힐(영국) 학교에 잘 드러납니다. 서머힐은 대안학교로 잘 알려져 있
습니다. 학생들이 직접 교과를 선택하고 학교생활은 자유롭고 민주적입
니다. 선생님들은 학생들의 학습과 성장을 도울 뿐이지요. 학교 안에 나
체 수영장이 있고, 학생들의 성관계도 가능합니다.

유럽의 청소년들은 많은 자유를 누린다고는 하지만 68혁명 이전에는
유럽 청소년들도 지금 같지는 않았습니다. 서머힐 학교는 예외적인 곳이

었지요.

68혁명 당시 학생들은 학교의 권위적인 구조에 문제제기를 했습니다. 학생 의견을 대신한 검열제도에 반대하고 정치적 권리도 주장했습니다. 무엇보다 68혁명은 전쟁보다 사랑을 외쳤지요. 68혁명에서는 청소년도 자유로운 사랑과 성의 주체였습니다.

오늘날 한국의 청소년들은 어떤가요? 과도한 학습시간 때문에 자유로

운 시간도, 사랑할 시간도 없지요. 고정된 수입이 없는 청소년에게 사랑과 데이트는 부담스러울 수도 있습니다. 하지만 우리나라에서도 청소년들이 모여 성에 대해서 공부하고, 청소년의 성적 권리를 선언으로 만들기도 했습니다. 십대섹슈얼리티인권모임(카페http://cafe.naver.com/youthsexualright)은 선언문에 "모든 청소년은 자신의 몸을 긍정적으로 경험할 권리를 가진다, 모든 청소년은 본인이 원하는 관계를 맺을 권리를 가진다, 청소년은 자신의 정체성을 자유롭게 탐구하고 존중받을 권리를 가진다, 청소년은 본인이 원하는 노동을 할 권리를 가진다, 청소년은 자신의 시간과 공간에 대한 권리를 갖는다." 등의 내용을 담았습니다.

청소년이 성적 권리를 누리는 세상은 어떤 모습일까요? 남을 억압하지 않는 더 민주적인 사회가 될까요, 아니면 성적으로 문란해진 사회가 될까요?

6장

모두 행복하려면
어떻게 해야 할까요?

외모 평가, 그만할 수 없나요?

텔레비전에서 뚱뚱한 여성은 웃음거리가 됩니다. 작고 마른 남자도 남성답지 못한 사람으로 취급받지요. 영화 〈미녀는 괴로워〉는 외모로 괴로워하던 여성이 성형수술만으로 호감과 더 많은 기회를 갖게 된 현실을 잘 보여 줍니다.

기업에서 직원을 뽑을 때 외모를 중요하게 본 것은 오래됐습니다. 1980년대는 취직을 위한 조건으로 여성의 키와 몸무게, 안경을 쓰는지 여부를 따지기도 했습니다. 지금은 기업들이 외모 기준을 입사를 위한 조건으로 드러내지는 않습니다. 남녀고용평등과 일가정양립에관한법*에 위반되니까요. 하지만 뛰어난 외모가 유리한 조건이라는 것은 누구나 알고 있습니다.

외모에 대한 평가와 지적이 많은 사

★ 남녀고용평등과 일가정양립에 관한법 고용에서 남녀의 평등한 기회와 대우를 보장해 모성을 보호하고 여성의 고용을 촉진하기 위한 법이다.

회는 사람들을 위축시킵니다. 자신의 외모를 부정적으로 보거나 단점에 주목하도록 만들지요.

남자들은 어릴 때부터 키를 키우기 위해서 성장 주사를 맞기도 합니다. 몇 년 전 한 방송 출연자가 '남성의 키가 180센티미터가 안 되면 루저'라고 말해서 논란이 되었지요. 한국 사람 중에 180센티미터가 넘는 사람이 도대체 몇 명이나 될까요? 이 사건은 외모에 대한 기준이 현실적이지 않다는 사실을 잘 보여 줍니다. 비상식적인 기준에 남성들은 크게 분노했습니다. 그 출연자는 안면도 없는 불특정 다수인 남성들의 분노 섞인 공격을 받았지요.

하지만 여성들은 외모를 평가받는 일이 익숙합니다. 남성들은 지나가는 여성의 외모를 보고 등급을 매기는 놀이를 합니다. 허리는 날씬하지만 가슴과 엉덩이는 풍만해야 좋습니다. 만화에나 나올 법한 모습이지요. 여성들도 친구나 동료끼리 외모나, 패션 등에서 대해서 쉽게 지적합니다. 가족도 예외는 아니지요. 모두들 여성은 예쁘고 날씬해야 한다고 말합니다. 여성에게 다이어트는 해야만 하는 숙제처럼 따라다닙니다.

광고와 방송은 외모차별을 부추깁니다. 드라마나 영화를 보면, 주인공뿐 아니라 등장인물 모두 키가 크고 늘씬

한 미남과 미녀뿐이지요. 하지만 연예인들도 외모 평가에서 자유롭지 않습니다. 아름답다고 평가받는 연예인들도 현재의 외모를 유지하기 위해 다이어트와 운동을 하고, 성형수술도 합니다.

성형수술은 우리나라의 대표적인 산업이 됐습니다. 수술 광고는 텔레비전뿐 아니라 지하철과 버스, 거리에도 흔합니다. 거리의 광고는 성형수술이 어렵지 않고, 누구나 하는 것처럼 보이기도 합니다. 성형 광고는 외모 콤플렉스로 좌절하지 말고, 성형수술로 자신감을 회복하라고 말합니다. 하지만 성형수술은 목숨을 건 도박과 같습니다. 외모로 인한 호감을 얻기 위해 이런 위험을 감수해야 할까요?

과도한 다이어트나 수술의 부작용으로 목숨을 잃기도 합니다. 마취 후 깨어나지 않거나 죽을 수도 있지요. 부작용과 성형중독에 시달리기도 합니다. 원하는 만큼 수술의 결과가 나오지 않아 재수술을 반복하거나, 수술 후 통증으로 수면제를 먹어야만 잠을 잘 수 있는 사람도 있습니다. 비싼 수술비를 감당하지 못해 불법시술을 하는 경우도 있습니다. 불법시술은 염증과 부작용으로 이어져 얼굴의 변형을 가져오기도 합니다.

성형수술로 사람들의 모습은 비슷해집니다. 다양함과 개

성은 사라지고 있지요. 외모에 대한 지나친 집착과 평가는 타고난 아름다움과 건강함을 하찮게 만들었습니다. 건강과 생명을 잃어도 될 만큼 외모는 중요하지 않습니다. 자신감을 가질 수 있는 방법이 성형수술과 다이어트뿐일까요? 외모평가가 사라져야 오히려 자신감이 향상되지 않을까요? 생긴 모습 그대로 자연스럽게 살아가기가 너무 어려워지고 있습니다.

여성도 군대에 가야 평등할까요?

"여자도 군대에 가 봐야 돼."
"남자도 아기를 낳아 봐야 해."
　남녀평등을 이야기하다 보면 엉뚱하게 이런 말을 할 때가 있습니다. 한국에서 남성으로 살면서 가장 힘든 시기는 군대이고, 여성은 임신과 출산인 것 같습니다. 남녀차별이 중요한 사회문제로 제기되면서, 차별을 줄이려는 제도적 노력이 이뤄졌습니다. 그런데 일부 남성들은 여성운동 때문에 남성들이 역차별을 받는다고 주장합니다. 대표적인 예가 군대 문제입니다. 여성들도 군대에 가야 평등하다고 주장하거나 폐지된 군가산점 제도를 부활하라고 말하지요.

1999년 헌법재판소는 공무원시험 등에서 군대에 갔다 온 남성들에게 주던 가산점 제도는 위헌이라는 판결을 내렸습니다. 군가산점 제도가 있던 당시, 여성은 취직 시험에서 100점을 맞더라도 불합격될 수도 있었습니다. 군가산점으로 남성들은 만점인 백점 이상을 받을 수 있으니까요. 헌법재판소는 군가산점 제도가 평등한 기회 제공에 위배된다고 보았습니다.

군대에서 보내는 1년 반이라는 시간은 결코 짧지 않습니다. 군가산점 제도가 사라지자, 군대에 다녀온 남성들에게 어떤 보상이 주어져야 하는지 논란이 됐습니다.

이때 군인에게 제대 후 보상할 것이 아니라, 군대에 있을 때 제대로 보상이 이뤄져야 한다는 주장이 등장했습니다.

군인의 월급이 많이 인상됐다곤 하지만, 십여 만 원에 불과합니다. 월급이라고 하기보다는 용돈 정도에 불과하지요. 제대로 된 월급이라고 한다면 못해도 최저 임금은 되어야겠지요. 남성들은 군대에서 목숨을 잃거나, 크게 다치기도합니다. 하지만 군대 내의 의료수준은 열악하고 보상 수준도 매우 낮습니다.

군가산점 논란은 여성도 군복무를 해야 한다는 주장으

로 강하게 옮겨 갔습니다. 이들의 바람과는 달리 정작 한국 군대는 여성의 군의무화를 전혀 고려하지 않고 있습니다. 여성이 군에 들어갈 경우 시설과 제도의 변화가 필요하니까요. 현실적으로 많은 예산이 필요합니다. 또 한국군은 군인의 수를 줄이고 있는 상황입니다.

우리나라에서도 군인을 직업으로 선택하는 여성들이 있습니다. 또 여성들 내에서도 여성의 군복무나 국가에 봉사하는 의무기간을 두자는 주장에 동의하는 사람들도 있지요.

여성의 군의무화는 무엇보다 국민적 합의가 필요한 문제입니다. 노르웨이는 여성의 군의무화를 국민투표로 결정했습니다. 노르웨이 여성의 사회적 참여는 남성과 비교해도 별 차이가 없을 정도로 활발한 수준입니다. 여성의 군의무화는 모든 분야에서 남녀평등을 이루려는 노르웨이의 노력을 상징적으로 보여 줍니다.

한국 군대는 많은 문제를 안고 있습니다. 병역의 의무가 공정하게 집행되지 않는 점 역시 큰 문제입니다. 고위공직자를 임명할 때 정치인 자신이나 자녀의 병역면제는 뜨거운 논란이 됩니다. 부모님의 경제력과 사회적 지위에 따라 자녀가 군대에 가지 않는 경우가 많기 때문이지요.

또 군인의 임무는 국민의 생명보호가 우선이지만, 국민

의 안전을 해치는 일에 이용되기도 쉽
습니다. 5·18 민주화운동✦ 때 총칼로
무장한 특수부대원들은 광주 시민을
폭력과 살인으로 진압했습니다. 또 선
거철이면 특정정당을 옹호하는 활동을
펼치기도 합니다. 군대의 폐쇄성과 권위
주의로 폭력 사건과 총기 사고도 끊이
지 않고 있습니다.

또 종교상의 이유나 평화운동 차원
에서 병역을 거부하는 양심적 병역거부
자✦들의 문제도 해결해야 할 숙제입니
다. 양심적 병역거부자들은 군 입대 대
신 국가에서 필요한 사회봉사를 원합니
다. 하지만 외국과 달리 우리나라는 양심적 병역거부자들
을 위한 대체복무제도가 없습니다. 유엔 인권이사회 자료
(2013년 6월 3일)에 따르면 지구상에서 양심적 병역거부로 감
옥에 수감된 사람은 723명이라고 합니다. 그중 한국인이
669명으로 전체 수감자의 93%에 이릅니다. 그동안 병역거
부로 감옥에 간 젊은이만 1만8천여 명에 이릅니다.

군대와 관련한 인권 문제는 꼬인 실타래와 같습니다. 여

성의 군의무화는 해결되지 않은 과제 속에 또 하나의 불씨를 던져 넣는 셈이지요. 군대가 있어야 한다면 어떻게 운영돼야 하는지, 어떤 문제부터 해결해야 할지 고민이 필요합니다.

여성 때문에 취직하기 힘든가요?

여성과 남성의 삶은 과거와 비교해 보면 많은 변화를 거쳐 점차 평등해지고 있습니다. 하지만 가사노동이나 육아시간처럼 불평등한 영역도 여전합니다. 특히 여성의 경제 참여 기회는 다른 나라와 비교해 보면 하위에 머물러 있습니다. OECD(경제협력개발기구) 가입국 중에서 우리나라의 성평등 정도는 매년 거의 꼴찌 수준입니다.

그럼에도 불구하고 일부의 사람들은 여성이 또는 여성운동이 남성의 권리를 침해한다고 주장합니다. 여성들 때문에 남성이 취직하기 어렵다는 것이지요. 여성운동처럼 남성들이 권리를 위해 목소리를 내야 한다고 주장합니다.

누구든 자기 목소리를 내는 것은 필요합니다. 하지만 남성들이 평등한 기회와 안정된 일자리의 요구를 말하는지,

남성으로서 기득권을 주장하는 것인지는 살펴봐야겠지요.

직장 문제는 예민한 주제입니다. 삶의 질과 연결되니까요. 사람들은 일을 해야 경제적 소득이 생깁니다. 또 일을 통해서 사람들을 만나고, 소통하면서 사는 즐거움을 느끼지요. 경제적인 독립은 자유로운 선택의 바탕이 됩니다. 누군가에게 경제적 지원을 받는다면 의사결정에도 영향을 받습니다. 가정폭력과 같은 위협적인 상황에 놓여도 생계 걱정으로 이혼을 결심하기 쉽지 않을 수 있습니다.

지금은 여성도 공부하고, 사회생활을 하도록 격려합니다. 고등학교 졸업 후, 여성의 대학 진학률은 2010년 80.5%, 남성은 77.6%(교육통계연보)로 여성이 남성을 앞섰습니다. 하지만 남성의 취업률이 72% 이상인 데 비해 여성은 49%에 그쳤습니다. 그나마 일하는 여성 10명 중 6명은 비정규직이고요.

기업은 여전히 남성들과 일하기를 선호하고 여성 직원을 덜 뽑습니다. 아직도 여성의 업무는 남성을 보조하는 역할에 한정되기도 하지요.

남녀의 급여 차이도 큽니다. 여성의 평균 임금은 남성 임금의 67% 정도지요. 남성의 평균 월급은 3백12만2천 원이고, 여성의 평균 월급은 2백9만2천 원입니다. 이렇게 여성과 남성의 임금에 차이가 나는 것은 여성의 급여는 남편의 월급을 보조한다는 생각이 남아 있기 때문입니다. 하지만 더 이상 여성의 급여를 가계의 보조수단으로 보면 안 됩니다. 결혼을 하지 않거나 이혼을 한 경우 등을 포함해 스스로 생계를 책임져야 하는 여성들이 점점 늘어나고 있으니까요. 그렇지 않더라도 같은 일을 하면 똑같은 급여를 줘야 하는 게 당연하지요.

일을 계속하던 여성들도 승진 대상에 포함되지 않는 경우가 많습니다. 관리직은 대부분 남성들 몫이지요. 여성에게 승진은 눈에는 보이지만 올라가지 못하는 '유리천장'이라고도 불립니다. 그래서 여성들은 공정한 기회를 얻기 위해서 공무원 시험에 매진하고, 더 높은 합격률을 보이기도 합니다.

결혼 후에도 일을 하는 여성은 전체 여성의 반 정도입니다. 대부분 아이들을 키우고 다시 취업을 하는 경우도 많지요. 이때 많은 이들이 건물 청소나 마트의 캐셔 업무를 합니다. 이런 일은 육아와 살림 외에 다른 경력이 없거나 그 전의 경력이 단절된 여성들이 쉽게 시작할 수 있는 일들이지요.

어느 나라건 여성의 사회진출은 쉽지 않습니다. 남성들

이 이미 진출한 직업 세계에 여성들이 새롭게 들어가는 경우가 많았으니까요. 여성운동은 여성의 사회생활을 장려하기 위해서 여성 할당제를 적극적으로 요구했습니다. 노르웨이가 대표적이지요. 여성 할당제를 시작하기 전 기업의 여성 이사 비율이 2000년대 9% 정도였지만, 할당제를 적극적으로 실시한 현재는 40%에 이릅니다. 전체 남녀의 급여 차이도 9%에 불과하지요. 공공기관의 관리직과 대표는 여성의 참여가 더욱 활발해서 남녀의 차이가 거의 없습니다. 모든 분야에서 남녀 5:5의 비율을 맞추려고 합니다.

법과 제도의 변화가 여성의 사회적 진출을 적극적으로 이끈 사례입니다. 우리나라도 여성과 장애인 등 사회적 약자를 위한 취업 할당제를 실시하고 있습니다. 하지만 대부분의 기업은 할당제를 지키기보다는 벌금을 선택합니다. 그나마 법과 제도로 강제할 수 있는 곳은 공무원 사회뿐이지요.

경제 불황을 이유로 기업은 직원의 수를 줄이고 있습니다. 비정규직은 늘고, 해고는 쉬워졌습니다. 안정된 일자리가 줄어들었기 때문에 누구나 불안한 삶을 삽니다. 남성이라는 이유로 취업에 유리한 시대는 사라져 가고 있습니다. 하지만 여성들이 취업을 못하던 시대로 시간을 되돌릴 수는 없습니다. 취직을 위해 여성과 남성이 함께 경쟁하는 것은 어쩔 수 없는 현실입니다. 경쟁자이기도 하지만, 같은 처지에 놓인 동료이기도 하지요. 같은 노동자일 뿐입니다. 노동자의 안정된 삶을 위협하고 이득을 보는 사람은 누구인가요? 경제가 어려울수록 더 부자가 되는 사람들도 있습니다. 그들은 정당한 이득을 얻은 것일까요? 여성에게 쏟아진 불만의 화살은 불안정함을 만드는 사회구조로 돌려줘야지요.

결혼은 사랑의 결과일까요?

사랑이 깊어지면 오래도록 함께 하고 싶어집니다. 그 약속이 결혼이지요. 하지만 결혼이 두 사람의 사랑이나 행복을 보장하는 것은 아닙니다. 사랑도 감정이라 변할 수 있으니까요. 결혼 제도가 사랑과 마음의 변화도 담아낼 수 있을까요?

또 이혼과 함께, 결혼이 늦어지거나 혼자 사는 사람이 늘어나고 있습니다. 결혼은 인생의 필수 과정이 아니라 선택 사항이 되고 있지요. 다른 나라의 결혼 제도는 어떤 모

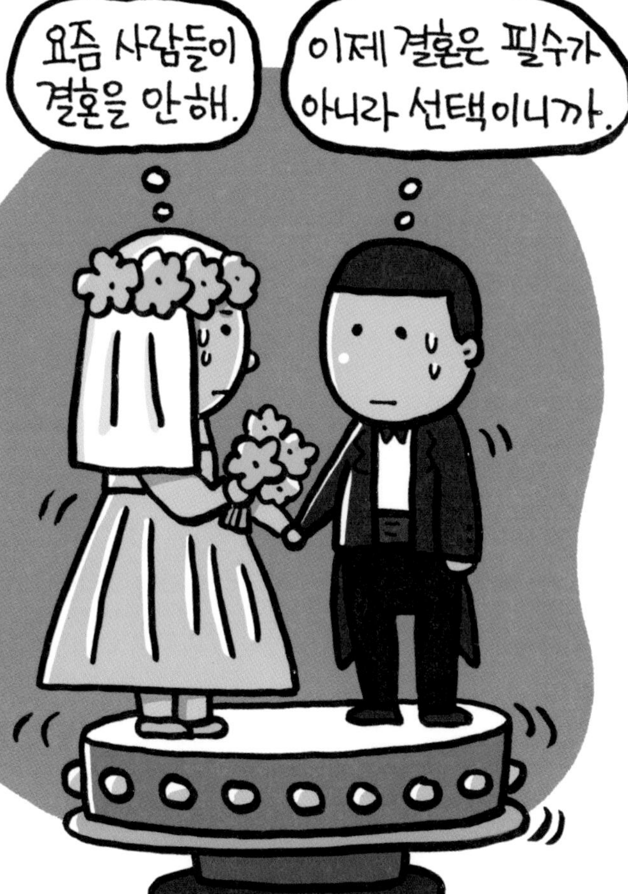
요즘 사람들이 결혼을 안해.
이제 결혼은 필수가 아니라 선택이니까.

습일까요?

우리는 보통 한 여성과 한 남성이 사는 결혼 형태를 많이 봤습니다. 가장 익숙한 결혼 형태이지요. 이런 형태를 일부 일처제라고 말하는데, 남편 1명에 부인 1명이라는 뜻입니다. 우리나라는 법적으로 과거에도 일부일처제였습니다. 하지만 비공식적으로 남성들은 부인이나 애인을 더 두는 경우가 있었습니다. 가부장제 사회에서는 흔히 일어났던 일이지요. 실제적으로는 일부다처제였던 셈입니다.

일부다처제는 남성 1명이 여러 명의 여성과 결혼한 형태를 말합니다. 아프리카나, 아랍의 부자들은 정식으로 부인을 몇 명씩 두기도 합니다. 많은 가족을 부양할 수 있다는 것은 남성의 경제적 능력이 뛰어나다는 것을 보여 주지요. 자매가 한 남자에게 시집을 가기도 합니다. 하지만 부인 간에 서열이 있지요. 부인의 서열이나 출신에 따라 자녀의 신분에 차별을 두기도 합니다. 부유하고 나이 많은 남성이 가난한 집안의 어린 여성과 결혼하는 것 역시 어떤 곳에서는 흔히 일어나는 일입니다.

반대로 여성 1명에 남성 여럿이 결혼하는 제도를 일처다부제라고 합니다. 부인은 1명이고, 남편은 여러 명이라는 뜻이지요. 일처다부제 역시 여성들의 권력이 크기 때문에 생긴 제도일까요? 그렇지 않습니다. 여성 인구가 절대적으로 적은 경우에 나타나는 결혼 제도입니다. 이 경우에도 자연적으로 여자 아기가 적게 태어나는 것이 아닙니다. 여자 아기가 태어나면 생명을 끊어 여성의 수를 조절하는 것이지요. 적은 물자가 빚어 낸 비극입니다. 일부다처제의 경우와 마찬가지로 형제가 한 부인과 살기도 합니다. 인도와 티벳 등 일부 척박한 환경에서는 아직도 이런 풍습이 남아 있습니다.

전통적으로 결혼을 하지 않는 민족도 있습니다. 중국의 모소족이 대표적인 예입니다. 집안의 성은 외할머니에서 엄마로, 그리고 딸에게 이어집니다. 재산도 아들이 아닌 딸에게만 물려줍니다. 모소족은 대표적인 모계사회지요. 딸이 여럿이면 공동재산을 같이 운영합니다. 여성들이 바깥일을 하고 농사도 짓습니다. 남성과 여성은 결혼하지 않고, 애인 관계만을 유지합니다. 애인 관계는 변할 수 있지요. 아기가 생기면 남성이 여성의 집에 들어와서 살기도 합니다. 이때 남성은 아이의 아빠가 아니라 외삼촌 역할을 합니다. 중국에서는 모소족의 연애 풍습을 바람직하지 않다며 금지하기도 했지만 지금도 이어지고 있습니다.

유럽의 연인들은 결혼을 하지 않고 함께 사는 동거 비율이 높습니다. 연애를 하다 헤어지는 경우가 많고, 이혼율도 높으니까요. 오랜 동거 후에 결혼을 하기도 합니다. 유럽 사회에 큰 영향을 끼친 68혁명 이후, 많은 사람들이 형식적인 결혼 제도를 거부했습니다. 결혼이라는 국가의 승인보다 두 사람의 사랑이 중요하다는 생각이 밑바탕이 됐지요.

프랑스에는 동거와 결혼 제도의 중간쯤 되는 시민연대협약(줄여서 '팩pac')이란 제도가 있습니다. 세금을 함께 내고, 사회복지제도를 함께 누립니다. 결혼을 한 부부와는 결혼식을 하지 않은 정도의 차이가 있지요. 팩은 1989년 덴마크에서 동성애 커플을 법적으로 인정하는 제도로 처음 시삭되었지요. 현재 프랑스에서는 동성애자보다 이성애자들이 더 많이 이 제도를 활용하고 있습니다.

덴마크와 미국 등 전 세계 21개국이 동성 결혼을 인정했습니다. 팩을 인정하는 나라까지 합하면 35개국의 나라에서 동성 결혼을 법적으로 인정하고 있지요. 동성 결혼이 인정된 나라에서는 동성 부부가 아이를 입양할 수도 있습니다.

우리나라는 어떨까요? 2015년 영화감독 김조광수와 김승환은 결혼식을 올리고, 동성 결혼을 인정하라는 행정소송을 제기했습니다. 하지만 우리나라는 동성 결혼을 인정하지 않고 있지요.

다양한 결혼 제도는 그 사회의 문화와 전통을 보여 줍니다. 문화와 전통은 고정된 것처럼 보이지만, 그 사회 사람들의 생활과 생각에 영향을 받아 변화되고 새롭게 만들어지기도 합니다. 유럽의 시민연대협약이나, 동성 결혼, 동거하는 연인에 대한 지원처럼 말이지요. 국가는 두 사람의 사랑과 그 사이에 태어나는 아이들을 지지하기 위한 제도를 만듭니다. 국가는 국민을 위해 존재해야 하니까요.

왜 여성인권에 관심을 가져야 하나요?

세계 많은 여성들은 폭력에 노출되어 있습니다. 강간, 구타, 여성할례, 조혼, 과부의 강제 화장, 인신매매, 성매매, 군위안부 등 다양합니다. 여성에게 일어나는 폭력은 사소하지 않습니다. 생명을 위협하고, 삶을 망가뜨립니다. 여성에 대한 폭력은 그 사회의 폭력성을 적나라하게 보여 줍니다.

가부장제의 영향으로 남자아이를 좋아하는 경향이 있습니다. 남자아이를 좋아하는 것은 여자아이의 살해로 이어집니다. 중국에서도 얼마 전까지 한 아이 우선 정책이 있었습니다. 인구를 조절하기 위한 방침이었지요. 한 아이를 길러야 한다면 남자를 선택하는 경향이 컸습니다. 그래서 많은 여자아이가 태어나지 못하는 경우가 많았고, 태어나도 국가에 등록되지 못하는 경우가 많습니다. 이렇게 태어난 여자아이는 출생신고를 하지 않았으니 교육을 받을 기회조차 없었지요. 당연히 공식적인 직장을 갖기도 어렵고 참정권도 없습니다.

아프리카와 아랍 지역 등에서는 여성의 성기를 자르는 수술이 전통이란 이름으로 진행되고 있습니다. 공알을 자르거나 오줌 구멍인 요도 부분만 남겨 놓고, 음순을 꿰매는 것이지요. 수술 자체도 위험하지만, 수술을 할 때 더러운 유리조각이나 칼을 사용하기 때문에 치명적입니다. 출혈과 염증으로 죽음에 이르는 경우도 많습니다. 이렇게 하는 것은 여성의 성생활을 막기 위해서입니다. 결혼을 앞두고 소녀들은 임신을 하기 위해 다시 수술을 받습니다. 성기 절제술의 위험을 알고 탈출하는 용감한 소녀들도 있지만 소수의 경우입니다. 여성할례는 아프리카나 아랍뿐 아니라 그들이 정착한 이민국에서도 진행되고 있습니다. 뿌리 깊은 전통으로 여겨서 어떤 의료행위의 자격도 없는 나이 든 여성들이 직접 수술을 진행하지요.

이들 나라에서는 자유로운 연애를 사실상 금지하고 있습

니다. 여성이 연애를 하면 가족의 명예가 더럽혀진다고 생각합니다. 결혼 전에 연애를 하면 가족의 명예를 더럽혔다는 이유로 가족(오빠나 아버지)에게 죽임을 당할 수도 있습니다.

이런 사회에서는 결혼 첫날 밤, 여성이 남성과의 성관계에서 피가 나야 정숙한 처녀였다는 증거가 됩니다. 하지만 여성의 절반 정도만이 첫 성경험에서 출혈을 보입니다. 질 입구의 근육이 남성의 성기와 마찰을 했을 때 상처가 나서 피가 날 수도 있으니까요. 이 출혈을 보고, 여성의 질 입구에 처녀막이 있다는 신화가 생겼습니다. 하지만 처녀막이란 건 없습니다. 처녀막이 실제로 있다면 여성들은 월경을 할 수 없겠지요.

조혼 문제도 심각합니다. 조혼은 아주 어린 나이에 결혼하는 것을 말합니다. 대체로 가난한 집의 어린 소녀들이 주로 나이 많은 남자에게 지참금을 받고 팔려 가는 경우가 많습니다. 이들은 어린 나이에 결혼을 하고, 아이를 낳아 기르면서 다른 삶을 살 기회를 가질 수 없습니다. 당연히 자신이 선택해서 하는 결혼이 아닙니다. 야만적으로 보이지만, 백 년 전만 해도 대부분의 사회에서 어렵지 않게 볼 수 있었지요. 그래서 여성운동가들은 여성의 자유로운 연애와 결혼, 이혼할 권리를 주장해 왔습니다.

또 가난한 나라의 어린이는 납치되거나 혹은 부모에 의
해서 성매매 업소에 팔려 가기도 합니다. 지구 북쪽의 잘
사는 나라의 남성들이 아프리카와 아시아, 남미의 몇몇 국
가에서 어린이와 여성의 성을 삽니다. 우리나라 남성들도
예외가 아닙니다. 주로 태국이나 필리핀 등에는 한국 관광
객의 애인이 되고 아이까지 낳아 키우는 경우가 적지 않습
니다. 국경 없는 사랑은 낭만적으로 보이지만 쉽게 끝나기
도 합니다. 한국에 돌아온 남성들이 연락을 끊어 버리면
그 관계가 끝이 나니까요. 남성들의 무책임한 행동으로 남
은 가족은 생계마저 위태로운 경우가 생깁니다.

아프가니스탄에서는 탈레반*이 집
권한 후 여성에 대한 억압이 더 심해
졌습니다. 성인이 된 여성은 집 바깥을
자유롭게 나가지 못하고 집밖의 남자
들과 말을 나누지도 못합니다. 학교도

*탈레반 1996년부터 2001
년까지 아프가니스탄을 지
배했던 이슬람 무장 세력이
다. 엄격한 이슬람 율법 통
치와 인권침해로 국제사회
의 비난을 받았다.

직장도 다닐 수 없지요. 여성은 외출할 때 머리에서부터 발
까지 모두 가리고 눈 부분만 망사로 된 부르카를 써야 합니
다. 손에도 장갑을 껴야 했지요.

이처럼 전 세계 여성들이 폭력과 차별로 상처받고 있습
니다. 여성의 인권이 억압되고 있는데 그 사회의 남성들은

과연 행복할 수 있을까요? 여성에게 폭력적인 사회는 다른 영역에서 폭력과 차별도 심각할 수밖에 없습니다. 성폭력과 성차별은 그 나라의 인권 수준을 보여 주니까요.

사회적 약자가 제 목소리를 낸다면 어떻게 될까요?

부드러운, 비합리적인, 약한, 복종적인, 수동적인, 협력적인, 주관적인, 사적인, 의존적인, 평화로운, 감정적인, 소극적인, 감성적인, 섬세한, 민감한, 문학, 아름다움, 우유부단함. 순결, 순진함……
단단한, 합리적인, 강한, 거친, 정신적인, 지배적인, 과학적인, 능동적인, 경쟁, 객관적인, 공적인, 독립적인, 공격자, 질서, 전쟁, 신중한, 이성적인, 지성, 적극적인, 용기, 능력 있는, 정의로운, 책임감……

위 단어들 중에서 나를 설명하는 단어가 있나요? 파란색과 빨간색 단어 중에서 나를 더 잘 설명하는 곳은 어느 쪽인가요? 더 좋아하는 단어는요? 좋아하는 단어나 나를 설명하는 단어가 양쪽에 섞여 있을 수도 있지요.

빨간색의 단어들은 남성의 특징을 나타내고 파란색은 대

체로 여성의 특징을 말합니다. 과거에는 빨간색의 가치들을 우월하게 여겼습니다. 이성과 효율성, 합리성을 중요하게 생각하면서 물질적 성장을 이뤘습니다. 하지만 이성과 효율성의 세계는 전쟁과 자연파괴, 물질 만능주의로 이어졌습니다. 사람들의 삶은 경쟁적이고 거칠어졌지요.

사람들은 갈등이 심해지자 따뜻함, 위로, 돌봄, 평화와 같은 가치에 주목하게 되었습니다. 전통적으로 여성적인 가치로 불렸던 것들입니다. 또 여성적 가치가 사회에 스며들면, 세상은 더 평화롭고 평등해질 것이라고 생각했지요.

사람들은 모든 것을 남과 여, 흑과 백, 양과 음 같은 두 가지 대립되는 성질로 구분해 왔습니다. 두 가지로 나누어 보면 특성이 잘 드러나고 비교가 되지요. 하지만 한쪽이 더 나은 것이 되고, 나머지는 부족하거나 못난 것이 되기 쉽습니다. 우리 각자는 여성적이거나 남성적이지만은 않습니다. 항상 단단하거나 합리적이거나 의존적이지 않습니다. 또 부드럽지만, 강하기도 하고, 용기 있지만, 감성적이기도 합니다. 둘로 나누는 것에는 한계가 있습니다.

또 우리 모두는 사람이라는 공통점이 있습니다. 누구나 인권을 보장받아야 하지요. 인류의 역사를 돌아보면 여성과 남성은 구별되고, 차별적 지위를 가졌습니다. 유럽에서는 지혜로운 여성들이 마녀라는 누명을 쓰고 화형을 당하기도 했습니다. 아시아와 아프리카의 여성들은 아직도 사회적 활동에 제약이 많습니다.

물론, 여성과 남성은 생물학적 차이와 심리, 행동적 차이가 있습니다. 하지만 그 차이는 사람들이 말하는 것보다 작은 차이에 불과할 수 있습니다. 그리고 여성 안에서, 남성 안에서 수많은 다양성이 있으니까요. 누구나 다양한 정체성을 가지고 있습니다. 장애의 유무, 나이, 사회적 지위, 재산, 지식에 따라 다양해지지요.

내 안에는 사회적 약자로서의 정체성이 하나 이상 있을 수 있습니다. 장애인이라서, 키가 작아서, 뚱뚱해서, 아파서, 나이가 어려서, 또는 나이가 많아서, 사회적 지위가 낮아서, 돈을 적게 벌어서, 공부를 못해서, 이혼해서, 학력이 짧아서, 성소수자라서 차별받을 수 있습니다. 차별받는 사회적 약자는 제 목소리를 내지 못하는 경우가 많습니다.

만약 우리가 사회적 약자로서 차별을 만드는 사회에 저항한다면 우리의 삶은 달라질 수 있습니다. 차별을 만드는 수직적 관계가 아니라 서로가 동등한 수평적 관계가 될 수 있겠지요. 누구나 자기 숨에 맞춰 걷고, 춤추는 기쁨을 느낄 수 있겠지요.

깡마른 모델은
저리 가라

다이어트 열풍은 여성과 남성을 가리지 않습니다. 최고의 성형은 다이어트라는 말이 있을 정도지요. 하지만 여성과 남성의 다이어트는 큰 차이가 있습니다. 대체로 남성들은 운동과 병행하면서 초콜릿 복근을 만듭니다. 반면에 여성들은 주로 굶어서 작은 몸을 만들려고 합니다. 굶어서 만든 작은 몸은 무기력과 우울증을 가져올 수 있어서 위험합니다. 또 여성들은 다이어트 끝에 '거식증'이나 '폭식증' 같은 병을 얻기도 하지요.

보통 거식증과 폭식증은 함께 나타납니다. 거식증은 음식을 먹지 못하는 병이지요. 참았다가 갑자기 많은 양의 음식을 먹고, 소화시키기 전에 다시 토합니다. 누가 봐도 날씬하지만, 자신은 뚱뚱하다고 여기지요. 거식증에 걸리면, 결국 음식을 먹지 못해서 죽게 됩니다. 날씬한 몸에 대한 욕망이 사람들의 생명까지 위협하는 셈입니다. 여성에 대한 외모 평가가 심각해질수록 다이어트에 필사적인 여성이 늘어날 수밖에 없습니다.

패션의 나라 프랑스도 거식증 환자가 많습니다. 특히 환자의 90%가 10대 청소년들이라 더 문제입니다. 프랑스 정부는 모델이 너무 말라서 체지방지수가 기준치 이하이면 공식적 활동을 금지하는 법을 만들었습니다. 영국에서도 저체중 모델의 광고는 무책임하다는 이유로 금지하고 있

지요.

　마른 모델이 아름다움의 기준이 되면서 여성들은 외모에 대한 자신감을 잃었습니다. 물론 건강에도 악영향을 미치지요. 이런 현실을 반영해서 패션계에서는 마네킹이나 모델도 평균적인 몸을 가진 일반인의 모습으로 새로 제작하려고 하는 움직임이 있습니다. 어린이들이 가지고 노는 인형도 마른 인형에서 일반인의 체형을 가진 인형으로 변하고 있지요.

　아름다움을 좋아하는 것은 인간의 본능이지만, 그 기준은 늘 변했습니다. 머지않아 건강함과 다양성이 아름다움의 전제 조건이 될 수도 있겠지요.